LLECTION VERMOT

JEUX DE SOCIÉTÉ

PARIS

VERMOT, ÉDITEUR

20, rue du Dragon, 20

LES

JEUX DE SOCIÉTÉ

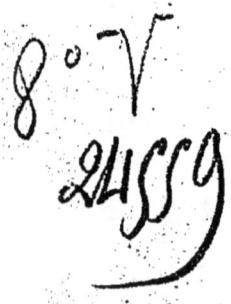

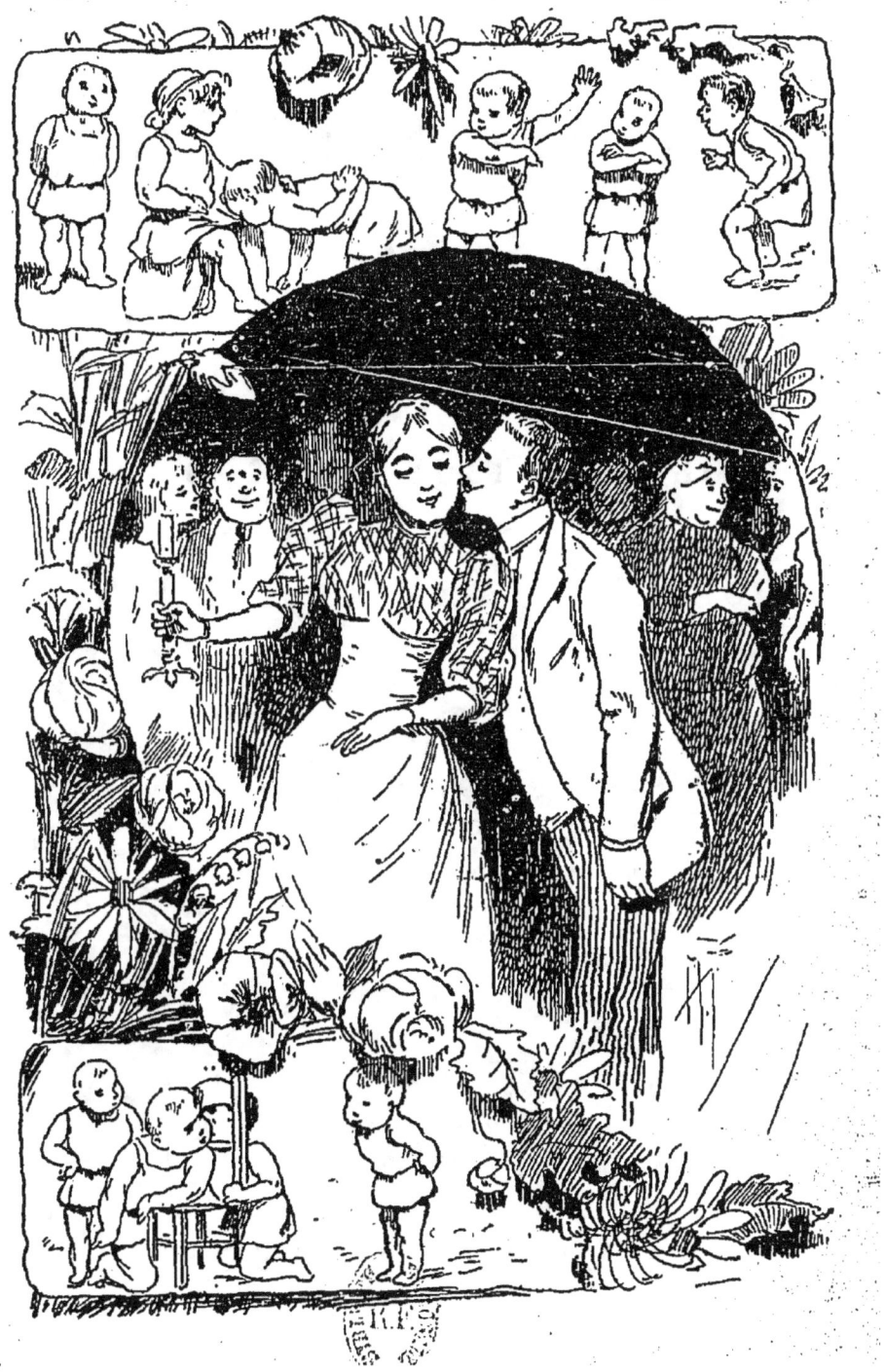

LES

JEUX DE SOCIÉTÉ

ILLUSTRÉS

DE NOMBREUX DESSINS

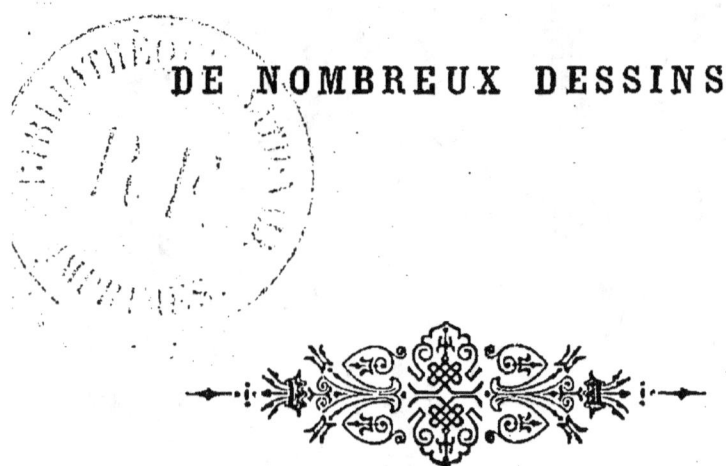

PARIS

VERMOT, ÉDITEUR

20, RUE DU DRAGON, 20

AVANT-PROPOS

Les maîtresses de maison savent toutes quel est le supplice d'entretenir en gaieté une nombreuse réunion ; à la campagne, les longues promenades amènent la satiété ; en ville, les soirées musicales ou dansantes, quel que soit leur charme, tournent toujours dans le même cercle de distractions ; l'ennui naît de l'uniformité, et alors il n'est pas rare de voir les jeunes gens rôder autour des tables de jeu, et les jeunes filles assises tristement, chuchoter entre elles, et jeter un furtif coup d'œil sur la pendule, en soupirant après l'heure du départ.

C'est alors que se présente à l'esprit d'une maîtresse de maison bien avisée, la ressource des petits jeux de société, jeux un peu délaissés, un peu dédaignés, surtout par les personnes d'un âge mûr, mais qui feront de suite sortir de leur torpeur les jeunes gens ennuyés, et amèneront le rire et la gaieté parmi les plus dédaigneux de ces plaisirs de la jeunesse ; la soirée finira dans un entrain, une joie de bon aloi qui fera désirer le retour prochain de ce délassement.

Les jeunes gens n'ont qu'à gagner à ces jeux ;

c'est une école de tenue, de langage correct, de savoir-vivre ; enfin quelques privautés, charmantes pour ceux qui en profitent, ne sont nullement à redouter puisque tout se passe sous l'œil des bons parents, gardiens attentifs et bienveillants de la bienséance et du bon ton.

Que d'amitiés durables, d'unions heureuses sont issues du partage d'un jeu plein des effusions de la jeunesse.

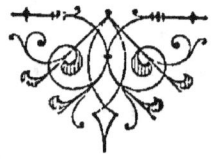

JEUX DE SOCIÉTÉ

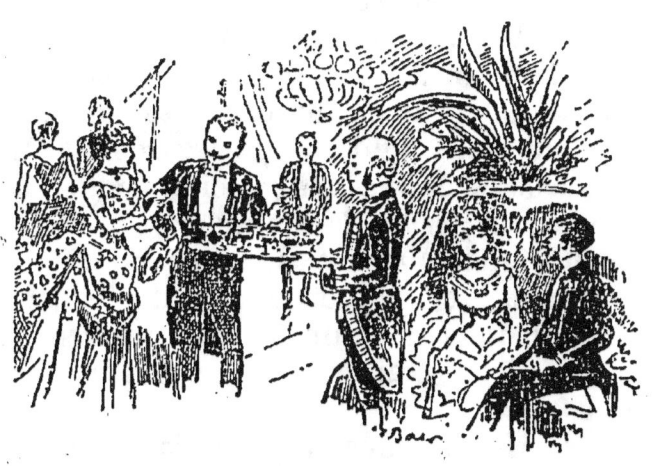

AMPHIGOURI

On choisit un des joueurs pour remplir le rôle de narrateur.

Le narrateur choisi s'assied au milieu du cercle, et chaque personne de la société prend le titre d'une profession quelconque.

L'un, par exemple, se dira épicier; l'autre, pharmacien, cordonnier, chapelier, etc.; une dame ou demoiselle sera fruitière, cuisinière, etc. Le narrateur improvise alors une histoire dans le genre de celle qui va suivre. Chaque fois qu'il suspend sa phrase en indiquant l'un des joueurs, celui-ci doit aussitôt la compléter par le nom d'un objet dépendant de la profession qu'il a adoptée ; s'il hésite ou répète deux fois le même objet, il doit donner un gage, c'est-à-dire un objet lui appartenant et qui ne lui sera rendu plus tard, qu'après avoir subi une pénitence, comme il sera expliqué plus loin au chapitre spécial « Pénitences ».

Le narrateur commence ainsi :

— Hier, je me trouvais chez ma tante Ursule ; on sonne, je me hâte d'ouvrir la (il regarde l'épicier, qui dit) : *boîte* ; arrive un jeune homme très timide dont voilà le portrait : une figure de (il regarde la fruitière) *tomate* ; des yeux comme des (épicier) *pruneaux* ; un nez (chapelier) *en forme* de (pâtissier) *brioche*, où on apercevait du (épicier) *macaroni*, des cheveux (boucher) *queue de mouton*, bref, une drôle de tête (boucher) *de veau* ; il tenait dans sa main du (pharmacien) *papier d'Albespeyres*, qu'il savait être un excellent (pharmacien) *épispastique*.

Ma tante le reçoit ; vous la connaissez, ma tante, n'est-ce pas ? des cheveux couleur de (épicier) *nouilles*, des dents en (épicier) *chocolat*, des yeux (boucher) *de bœuf*, et maigre !... à ses mains des (boucher) *osselets* : son caractère grincheux en fait (pharmacien) *une purgation* ! Elle apportait à ce moment le déjeuner de son mari (la fruitière) *deux œufs sur le plat*, et (pharmacien) *un clyso*.

Mon oncle avait (marchand de vins) *la goutte*, il était assis dans un (le même) *baquet*, son chien Totom était à côté de lui.

Le jeune homme timide veut parler, mais il a l'air d'un (fruitière) *concombre* ; sa langue s'embarrasse ; on lui dit : Asseyez-vous ici sur un (chapelier) *chapeau*, après avoir fait descendre le chien.

Alors il écrase par mégarde les (boucher) *abattis*, à Totom, qui hurle comme (boucher) *un veau*, tombe sur (pâtissier) *le flan*, et reste sans mouvement !

Le pauvre jeune homme ahuri s'assied sur mon oncle qui le repousse et il lui marche sur (fruitière) *l'oignon*.

Mon oncle crie comme un (boucher) *mouton*, ma

tante comme une (le même) *chèvre*, elle s'arrache la (coiffeur) *perruque*!

Alors le pauvre diable, sans reprendre (cordonnier) *alène*, pâle comme (épicier) *de la farine*, se sauve et bouscule (épicier) *le comptoir* où il y avait un encrier.

L'encre s'étale sur le tapis, le pauvre garçon l'essuie avec son (marchand de nouveautés) *mouchoir* et étanche ensuite la sueur qui couvrait sa (maçon) *façade*; il devient (fruitière) *radis noir*, comme (épicier) *de la mélasse.*

Puis il s'enfuit en cassant tout devant lui.

Ma tante se trouve mal de peur; nous la portons dans (pâtissier) *un four*, pour la rafraîchir; nous lui desserrons (fruitière) *le jabot*, pour qu'elle n'étouffe pas.

C'est égal ce jeune homme était un drôle de (soldat) *pistolet.*

Les narrateurs peuvent être tout à fait fantaisistes et le mot à répondre vient facilement; ce jeu peut prêter beaucoup à rire surtout s'il est conduit par une personne parlant avec facilité et possédant de l'esprit d'à-propos.

LA SELLETTE

La société tire au sort un accusé et un accusateur. Puis elle se forme en demi-cercle à l'une des extrémités du salon, pendant que l'accusé s'assied isolément à l'autre extrémité. L'accusateur se tient debout devant les juges.

L'accusateur commence le jeu en déclamant ainsi : «Illustres juges, savez-vous pourquoi l'accusé est sur la sellette?» Puis il s'approche de chaque juge qui lui fait connaître à voix basse son opinion.

L'accusateur prend note des différentes déclarations : lorsqu'il les a toutes recueillies, il s'avance vers l'accusé et les lui expose alternativement, en s'écartant

toutefois de l'ordre dans lequel elles lui ont été faites.
A chaque accusation, l'accusé nomme le juge qu'il sup-
pose en être l'auteur ; chaque fois qu'il devine juste, le

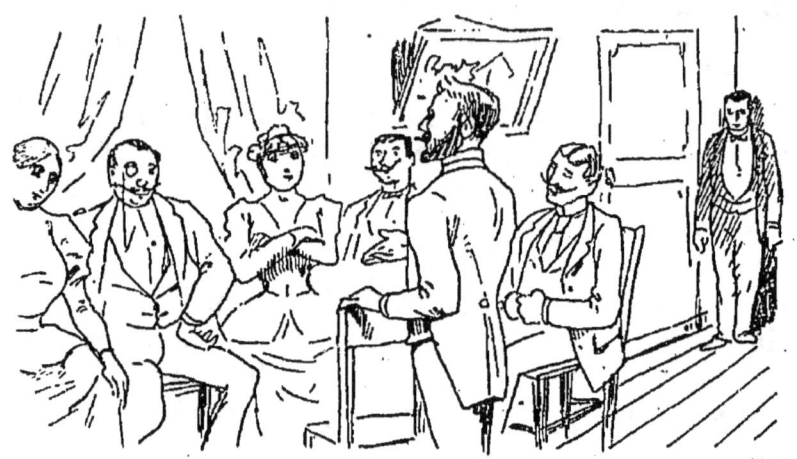

juge nommé donne un gage, et, à la fin, le juge que
l'accusé a deviné le premier est mis à son tour sur la
sellette.

LE CALENDRIER PERPÉTUEL

On choisit un des joueurs qui s'appelle le Temps ; il
prend place sur un siège un peu plus élevé que les
autres, près d'un rideau tendu, ou devant un paravent.
Douze joueurs, qui prennent chacun le nom d'un mois
de l'année, se tiennent à ses côtés, et trois autres
joueurs représentent les trois années à venir ; soit par
exemple 1894, 95, et 96.

Alors le Temps ouvre le jeu en disant : « Je suis bien
las de toujours marcher sans aucun arrêt ; la faux me
pèse sur les épaules, et je suis si vieux que j'aurais
besoin de me renseigner sur ma besogne future ; holà !
mes enfants chéris, éclairez-moi, et racontez-moi
l'avenir pour que je ne donne pas un coup de faux
mal à propos ! »

L'année 1894 s'avance alors gravement ; elle raconte les grands faits qui marqueront l'année, les

événements, les décès d'hommes illustres, les inventions qui se produiront; puis elle appelle à son aide les mois divers qui viennent tous à tour de rôle et dans leur ordre, préciser la prédiction faite par l'année 1894. Chacun s'inspire des travaux de la saison, des fêtes de chaque mois; puis après l'improvisation du mois de décembre, tous les mois se tenant par la main

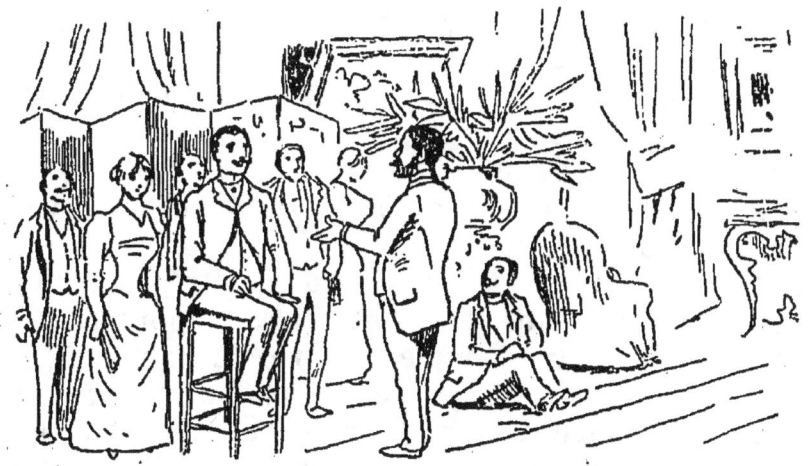

et précédés par l'année, défilent devant le Temps en s'inclinant respectueusement.

Le Temps, usant de sa vieille expérience, rectifie ce qu'il y a d'erroné ou de peu précis dans ces improvisations; il punit d'un ou de plusieurs gages ceux qui ont hésité ou qui n'ont pas voulu délier leur langue par crainte d'être indiscrets, ou qui ont fait des promesses peu vraisemblables, ou encore, répété ce qui a déjà été dit.

Ensuite vient le tour des autres années; ce qui se passe dans les mêmes conditions.

Si la société est nombreuse, les Mois peuvent s'adjoindre le concours des Semaines.

Ce jeu est charmant et met en relief la loquacité, l'esprit et l'ingéniosité de tous les joueurs; nous ne saurions trop le recommander.

Un gage est dû par tout joueur qui sera resté à court ou qui aura fait une prédiction invraisemblable.

LE CHASSEUR ET LE GIBIER

Le chasseur, conducteur du jeu, invite les autres joueurs à prendre des noms relatifs à la chasse et à ce qui en découle, par exemple : fusil, plomb, cartouches, capsules, bourres, lièvre, lapin, faisan, biche, chevreuil, caille, pigeon, renard, sanglier, plaine, chemin, sentier, vigne, luzerne, etc.

Les messieurs adoptent les noms masculins, les dames, les noms féminins.

Tous s'étant assis en rond autour du chasseur, celui-ci fait un récit de chasse où il a soin de faire paraître les noms choisis.

A chaque nom qui se présente dans le récit, la personne doit répondre par une phrase appropriée à ce qu'elle a choisi; exemple : le fusil dira : pif paf, le plomb, je siffle ; la capsule, j'éclate ; le lièvre, je détale vivement ; la biche bêlera, la caille dira qu'elle a fini de payer ses dettes, le pigeon roucoulera, le renard affirmera qu'il est bien plus malin que le chasseur, etc.

Au mot *munition*, les : fusil, plomb, poudre, cartouches, capsules, bourres, devront répondre tous ensemble une phrase de leur ressort.

Au mot *oiseau*, tous les volatiles répondent également.

Au mot *campagne*, la réplique est donnée par ce qui caractérise les champs.

Enfin, lorsque le chasseur terminera son récit par ces mots : *Vive la chasse !* tous les joueurs sans exception se lèveront et feront entendre d'un seul coup leurs cris particuliers.

Ce jeu met en relief la facilité d'improvisation des joueurs, et donne lieu à un concours pour désigner le joueur chargé du récit à faire.

Un gage est dû par toute personne contrevenant à la règle qui vient d'être indiquée.

LE PEINTRE ET LES COULEURS

Ce jeu de mémoire, facile à exécuter, est fort agréable et donne lieu à des gages nombreux.

Le conducteur du jeu prend le nom de Peintre ; chaque joueur, autre que ce dernier, adopte le nom d'une couleur quelconque, bleu, jaune, rouge, violet, orange, rose, blanc, sépia, carmin, terre brûlée, gris, vert, chrome, paille, bronze, amarante, écarlate, cramoisi, etc.

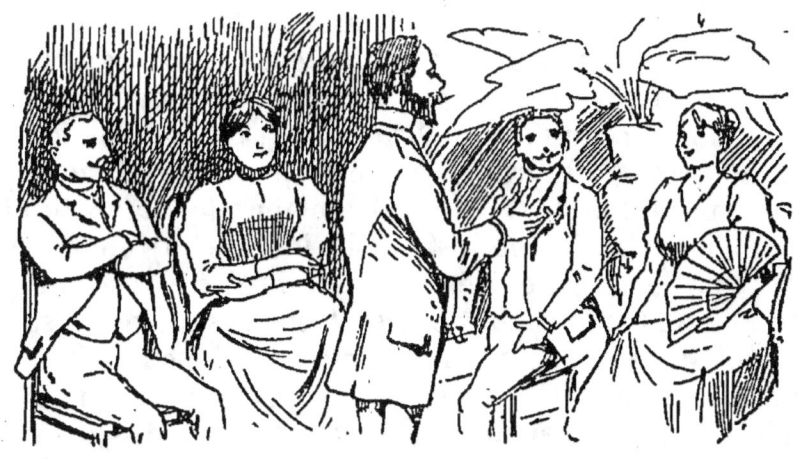

Lors de la narration qui sera faite par le Peintre, sur un sujet de peinture quelconque, chaque joueur doit répondre ainsi qu'il va être dit, sans omission, retard ni hésitation, à peine d'un gage.

Ces réponses au nombre de cinq sont les suivantes :

1º Quand le peintre prononce le mot couleurs, tous les joueurs s'écrient ensemble : « Nous voici ! »

2º A Pinceau, tous répondent : « Brosse ! »

3º A Brosse, tous : « Gare, gare ! »

4º A Palette, tous : « Couleur ! »

Enfin quand une couleur est nommée par le Peintre, celui qui a adopté cette couleur nomme de suite une des autres couleurs, et celle-ci répond : « Ah ! monsieur le Peintre ! »

On voit que l'attention doit être bien soutenue, et que les gages deviennent facilement nombreux.

Chacun des joueurs étant instruit de son rôle, le Peintre, au centre du cercle, commence son récit; nos lecteurs nous permettront, à titre de renseignement seulement, de leur présenter une narration quelconque pour les mettre sur la voie.

— Les artistes sont aujourd'hui si nombreux que la fortune ne sait plus vers lequel se tourner et que par suite, la plus grande partie logent le diable dans leur bourse et en sont réduits aux expédients : Ainsi moi, j'ai accepté de faire pour quelques francs, le portrait de ma concierge! elle est si laide, que je n'aurai pas à charger ma palette (Tous, « Couleurs! ») de couleurs (Tous, « Nous voici! ») — diverses; je ne me servirai que d'un pinceau (Tous « Brosse! ») et je n'emploierai que du gris — (le gris, « et vert ») — (le vert, « Ah, monsieur le Peintre! ») ou du blanc, (le blanc, « et sépia ») (sépia, Ah! monsieur le Peintre! ») mélangé d'un peu de terre brûlée — (terre brûlée, « et jaune) (Jaune, Ah! monsieur le Peintre »), sauf pour son nez; c'est ce qui me fera le plus de dépense, il me faudra beaucoup de rouge, — (le rouge, « et violet ») — (violet, Ah! monsieur le Peintre!); que dis-je, du rouge, — (le rouge, « et écarlate ») — (écarlate, Ah! monsieur le Peintre!) ou bien plutôt encore pour la vraie teinte, du cramoisi — (cramoisi, « et bronze ») — (bronze, Ah! monsieur le Peintre!) Tenez, je vais vous la peindre de mémoire; qu'on me donne mes couleurs (Tous, « Nous voici! »). Ah! attendu qu'elle prise, il me faudra pour les narines, une grande dépense de noir — (noir, « et jaune ») (jaune, « Ah! monsieur le Peintre! » et du gris — (le gris, « et sépia ») (sépia, « Ah! monsieur le Peintre! ») pour figurer comme il faut ses nids d'hirondelles! — Allons passez-moi mes brosses — (Tous : « Gare, gare! ») mes pinceaux, — (Tous « Brosse! brosse! »), et appliquons nos couleurs, — (Tous « Nous voici! »), à peindre cette indigne fille des Grâces!

Il faut rendre la narration aussi agréable que l'on

peut pour égayer ses auditeurs et les faire tomber en
faute le plus possible ; le but à atteindre dans tous ces
jeux étant d'obtenir un grand nombre de gages, ce qui
augmentera le plaisir par la suite.

PETIT BONHOMME VIT ENCORE

Un des joueurs allume un petit morceau de papier
et le passe à son voisin de droite en disant : « Petit

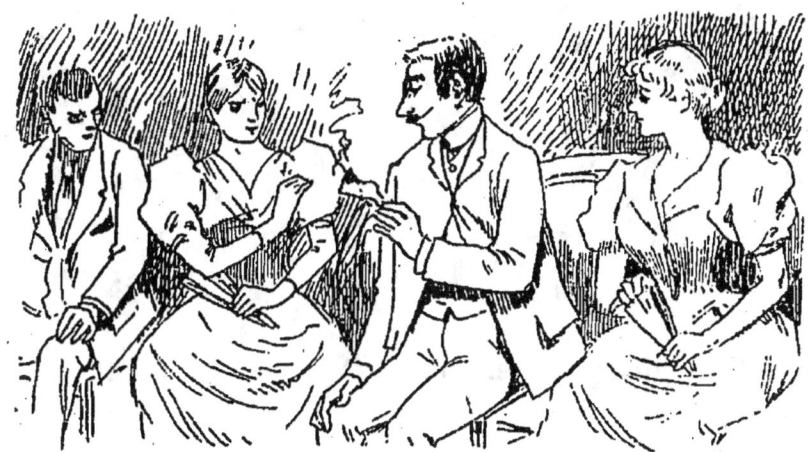

bonhomme vit encore », celui-ci le repasse à son voisin
et ainsi de suite, jusqu'à ce que le morceau de papier
enflammé soit complètement éteint ; celui qui l'a tenu
le dernier et en les mains de qui le papier s'est éteint,
paye un gage.

LE CAPUCIN EN VOYAGE

Celui qui remplit le rôle de capucin entame un récit
où il raconte un voyage qu'il a fait dans le but de quêter
pour son couvent.

Chaque joueur a pris un nom qui doit entrer par suite
dans le récit du capucin, tel que bourdon, capuchon,
sandales, gourde, tonsure, chapelet ; et chaque fois
que le capucin, au cours de son récit, prononcera ce
mot, le joueur sera obligé de le répéter de suite, deux

fois, si le narrateur ne l'a dit qu'une fois, et une fois
seulement, si le nom a été dit deux fois.

Quand le capucin prononce le mot couvent, tous les
joueurs doivent répéter leur nom en chœur, en y
ajoutant : « de saint François, » ainsi, bourdon... de

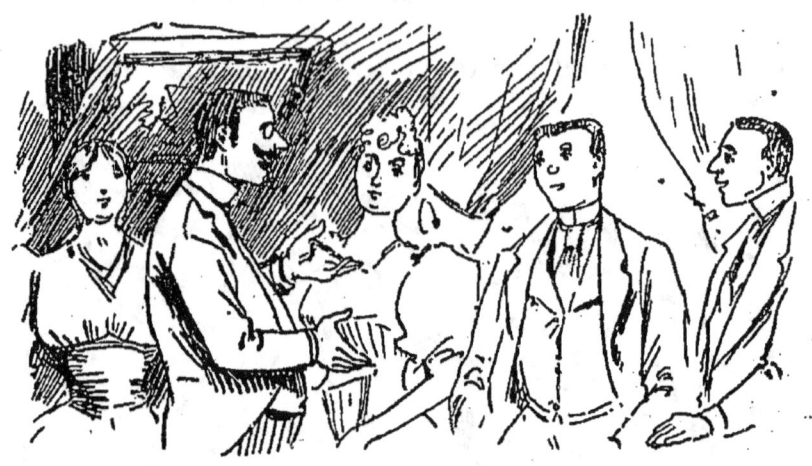

saint François, gourde... de saint François. Si le capucin
dit, mes frères, tous répètent ensemble :

— Amen !

Chaque erreur coûte un gage.

EXEMPLE.

— Je partis donc le matin du couvent : (Tous... chacun
leur nom, en y ajoutant de saint François ;) il faisait si
froid, que je ne sentais pas mes sandales (sandales,
sandales de saint François) à mes pieds, je relevai mon
capuchon (capuchon, capuchon de saint François), je
passai la main sur ma tonsure (tonsure, tonsure de
saint François), frappai la terre vivement de mon
bourdon (bourdon, bourdon de saint François). Ah !
quelle bise, mes frères ! (Tous : Amen !) puis il me vint une
idée subite et bienheureuse, j'avais emporté du couvent
(Tous, chacun le nom adopté, suivi de saint François)
ce qui devait me sauver ; ce n'était je l'avoue, ni ma
tonsure (...) ni mon chapelet, (...) vous avez deviné, et
vous auriez fait comme moi : je portai à ma bouche ma

gourde (...) et, quel soulagement mes frères !... (Tous : Amen !)

Un gage est dû à chaque oubli.

CHAMBRE A LOUER

Les joueurs sont assis en cercle, leurs chaises très-rapprochées. Un joueur désigné par le sort se tient debout au milieu ; chacun crie : « Chambre à louer ! chambre à louer ! » on se lève et on change de place le plus vivement possible. Celui qui est debout cherche à profiter de l'occasion pour trouver un siège, le joueur moins habile, dont la place a été prise, reste debout et paye un gage.

LA BOUTIQUE DU CORDONNIER

Les joueurs assis forment cercle autour de celui que l'on a choisi pour remplir le rôle de cordonnier ; ce dernier reste debout au milieu.

Chacun des joueurs prend le nom d'un objet à l'usage de cette profession, tels que : alène, poix, semelle, empeigne, gros fil, tranchet, clous, marteau, souliers, bottes, etc., et aussi de ceux qui servent indirectement à la profession : argent, acheteur, corroyeur, tanneur, bordeur, etc.

Chaque fois qu'un joueur est nommé il doit immédiatement prendre la parole et terminer son discours par le nom de l'objet adopté par un autre joueur ; ce dernier fait de même, et ainsi de suite ; si le maître cordonnier prononce le mot « boutique » alors tout le monde se lève en disant : « Eh bien, partons tous ! » et chacun ne s'assoit que lorsque par suite de la conversation, le nom qu'il a adopté est prononcé à nouveau.

Lorsque le maître veut finir le jeu il dit : « Je ferme ma boutique. »

Un gage est dû par toute personne qui n'aura pas prononcé un des mots convenus et choisis, ou qui sera resté à court de langage.

La conversation commence, elle dépend du goût et de l'imagination des joueurs :

Le maître cordonnier. — Que vous est-il donc arrivé? Vous avez un air morose, bordeuse.

(*La bordeuse.*) Dame! c'est fatigant de toujours border des souliers.

(*Les souliers.*) Que dites-vous ? — Il est bien plus dur de coudre du gros cuir!

(*Le cuir.*) Oui, mais on gagne plus d'argent.

(*L'argent.*) Tu as trouvé cela tout seul, mais ta malice est cousue de gros fil !

(*Le gros fil.*) Oh! toi, tu te fâches toujours à propos de bottes.

(*Les bottes.*) Oui, au lieu d'apaiser, il est toujours prêt à donner un coup de tranchet.

(*Le tranchet.*) Comme esprit il ne me vient pas à la semelle.

(*La semelle.*) Et puis il est hargneux, car depuis quelques jours il souffre de ses clous!

(*Les clous.*) Un bon remède, mon ami ; enfonce-les avec un marteau!

(*Le marteau.*) Cela ferait rire le maître.

(*Le maître*). Mais quel bruit! pour avoir la paix il va me falloir fermer la boutique.

Tous se levant. « Eh bien, partons! »

(*Le maître.*) Là, là, et l'ouvrage, attendez, un dépuratif fera partir vos clous.

(*Les clous s'assoient.*) Cela provient du froid aux pieds à cause des mauvaises semelles (la semelle se rassied), c'est fait avec du mauvais cuir (le cuir fait de même etc.), qui n'ai jamais vu d'alène ni fil ni tranchet, ni marteau; on fait aujourd'hui des bottes sans empeignes, et cela ne coûte pas grand argent, aussi moi, bon ouvrier, je ferme ma boutique! — Tout le monde se lève, et tous disent : « Partons tous! »

Le jeu cesse.

Chaque erreur dans les réponses amène un gage qui sera payé plus tard.

LE SINGE

Cette mystification, qui ne nous paraît guère pratique avec nos coiffures actuelles, consistait en ceci :

Les jeunes gens de la société devaient — sous peine de donner des gages — imiter les différents gestes d'un joueur, improvisé directeur. Après quelques grimaces divertissantes, celui-ci, feignant d'essuyer la sueur de son visage, se le frottait avec son chapeau.

Or, le bord des chapeaux de ceux que l'on voulait attraper ayant été noirci secrètement à l'avance, tous se barbouillaient en singeant le directeur.

CACHER L'ŒUF

Dans ce jeu, c'est un œuf que l'on cache; mais il est bon de choisir pour patient un joueur de caractère bénin et qui accepte volontiers la plaisanterie, car

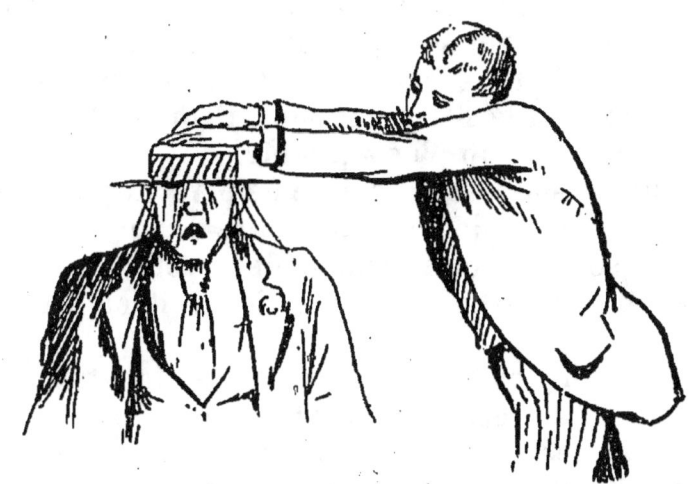

un jeu ne doit servir jamais que d'amusement, ne laisser aucun regret, et être conduit de manière à ne blesser personne.

Tous les joueurs placent sur leur tête leur mouchoir
roulé, on persuade à quelqu'un de cacher un œuf frais
dans son mouchoir. Le chercheur qui s'était caché,
paraît à ce moment; un compère l'a renseigné, et
parcourant le cercle il met le bout du doigt au front
des joueurs en prenant un air méditatif; puis arrivé
en face de celui qu'il veut attraper, il lui dit : « Mais
dites-moi donc, où est ce maudit œuf ? » Et il appuie
brusquement sa main sur la tête du pauvre patient.

L'œuf écrasé coule sur la figure du joueur en pro-
voquant l'hilarité des spectateurs.

*Nous ne faisons qu'indiquer ce jeu en passant, et nous
nous permettons le conseil de ne le mettre en pratique que
le moins possible.*

LA PINCETTE

Ce jeu se joue bien rarement comme on le jouait
autrefois, depuis qu'on a eu l'excellente idée de subs-
tituer le piano ou le violon au bruit aigu et monotone
d'une pincette frappée avec une clef; mais enfin,
toutes les réunions ne sont pas composées de musiciens,
on peut, quoique sachant la musique, se trouver
dans l'impossibilité d'exercer son talent et de rendre
ainsi ce jeu beaucoup plus agréable.

Les joueurs sont rassemblés; une personne désignée
par l'ensemble des joueurs, se retire un instant dans
une pièce séparée, ou s'arrange de façon à ne rien
voir de ce qui se passe dans l'endroit où l'on se
trouve.

On cache un objet quelconque, fève, tabatière, ciseaux, même une épingle, dans la salle, ou sur un des
joueurs; le chercheur paraît et essaye de deviner quel
endroit a été choisi pour cachette; on lui crie : « Elle
brûle ! elle brûle ! » lorsqu'il en approche, ou le silence
se fait s'il s'éloigne; le bruit et les cris doivent
redoubler en raison du peu de distance qui le sépare

de l'objet cherché; s'il trouve, chaque joueur paye un gage, s'il renonce à trouver, la punition est pour lui.

On a remplacé avec avantage les cris: « Elle brûle! elle brûle! » tantôt par une pincette sur laquelle un des joueurs frappe en raison des progrès du chercheur vers l'objet caché, ou mieux encore comme il est dit plus haut par un air de violon, de piano ou d'un autre instrument; c'est alors que les dolce, forte, l'andante ou l'allégro servent de renseignements pour le chercheur.

LE CHEVALIER GENTIL

Ce jeu est fort agréable et prête généralement beaucoup à rire.

Avant de le commencer il faut préparer une certaine quantité de cornets en papier qui rempliront l'office de cornes pour les joueurs malheureux. Au début du jeu tout le monde s'appelle « Chevalier gentil » dénomination qui variera au gré des coups du sort; à la première corne reçue, le joueur s'appelle Chevalier cornu, à la seconde, Chevalier biscornu, à la troisième, Chevalier tricornu et à la quatrième, Chevalier double biscornu.

Ceci convenu, celui qui dirige le jeu dit à son voisin de droite: « Bonjour Chevalier gentil, toujours gentil; moi Chevalier gentil, toujours gentil, je viens de la part du Chevalier gentil, toujours gentil (il désigne son voisin de gauche) vous dire qu'il a un aigle à bec d'or! »

Cette phrase doit être répétée mot pour mot, sans hésitation, sans quoi on est gratifié d'une corne, et à partir de ce moment on dit en parlant de soi: « Moi Chevalier cornu, toujours cornu, etc. » La phrase fait le tour du cercle. Les cornes sont infligées à ceux dont la mémoire a fait défaut, car beaucoup de personnes habituées à dire chevalier gentil, oublient d'ajouter lorsqu'elles sont voisines d'un chevalier déjà puni: « Je viens de la part du chevalier cornu, toujours cornu ou biscornu, ou tricornu, etc. » Elles l'appellent inconsidérément : gentil, et partagent aussitôt son malheureux sort.

Le directeur du jeu, à chaque tour écoulé, reprend la phrase et y ajoute successivement ces mots : « à pattes

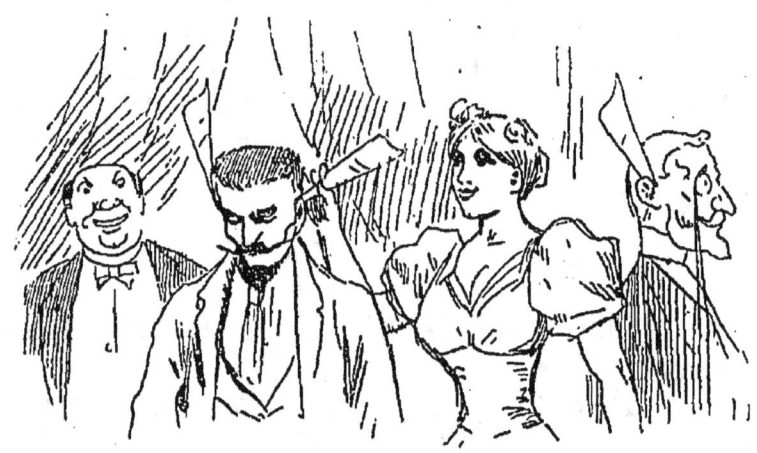

d'argent; à peau de dentelle; à yeux de diamant, à plumes couleur de puce enrhumée, etc. »

Les cornes doivent être plantées de la façon la plus plaisante; les dames en gratifient les messieurs, et les messieurs rendent le même service aux dames, et on prend un ton pénétré ou lamentable lorsque l'on se qualifie chevalier cornu, et railleur ou plaintif quand on interpelle ses voisins.

Un gage est dû par chaque corne endossée.

LA CHASSE A L'AMOUR

Les joueurs adoptent des noms historiques; les dames se nommeront de préférence Lavallière, Diane de Poitiers, Reine Margot, Ninon de l'Enclos, Récamier; les messieurs, Louis XIII, Louis XIV, Lamartine, Victor Hugo, La Bruyère, Boileau, etc.

La chasse commence; le Grand Veneur dit: « L'Amour

s'est envolé de sa cage, nous lui avions cependant coupé les ailes; ou peut-il être caché? » Le premier joueur, à la droite, répond : « Il s'est caché dans les yeux de la Reine Margot; » alors chacun s'écrie : « A la chasse ! à la chasse ! » et tout le monde se précipite sur les pas de la personne désignée, cherchant à la saisir, mais en courant en cercle dans le salon sans jamais le traverser; la Reine Margot fait plusieurs tours pour échapper aux chasseurs, elle s'écrie : « Il est caché sur la tête de Boileau ! » On court après celui-ci, et de même après tous ceux nommés par la personne qui vient d'être poursuivie.

Un gage est dû par toute personne qui n'a pas échappé à la poursuite et qui a été saisie, ou par celui des joueurs qui n'aura pas désigné une personne par les noms adoptés.

LE CHAT ET LA SOURIS

Ce jeu s'exécute de préférence dans un jardin, au cours de la belle saison.

Les joueurs se donnent la main et forment une ronde,

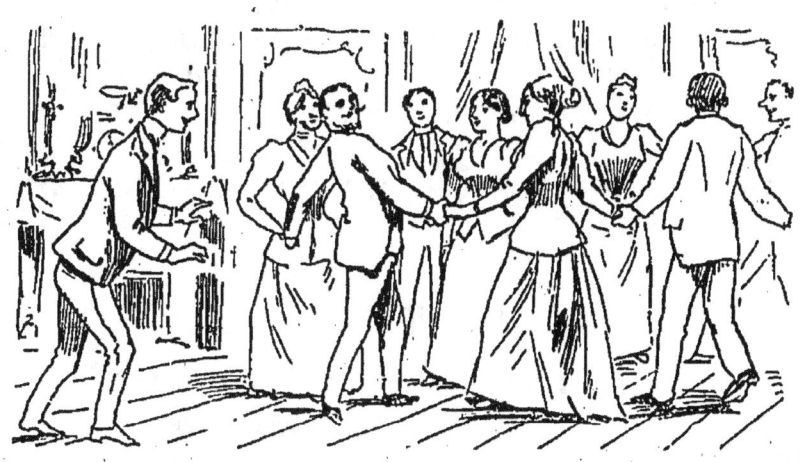

une dame qui prend le rôle de la souris est debout seule au milieu du cercle qui tourne autour d'elle, un monsieur, le chat, est au dehors du cercle.

Aussitôt que la ronde commence, le chat cherche à se faufiler entre les joueurs, et profite de toutes les occasions possibles pour pénétrer sans violence au centre du cercle pour croquer la souris ; à chacune de ses tentatives les joueurs se rapprochent ou abaissent les bras de façon à empêcher le passage ; s'il parvient à entrer dans le cercle, la souris a le droit d'en sortir et les joueurs la favorisent dans ce but ; elle entre de nouveau et en sort pour échapper aux griffes du chat ; après bien des ruses, si elle est enfin saisie par le chat, ce dernier l'embrasse et lui fait donner un gage.

Chacun des joueurs remplit à tour de rôle l'office du chat et de la souris.

LE JEU DU CHARCUTIER

Le joueur choisi pour faire office de charcutier, dit aux assistants :

— J'ai tué un porc, qui veut en acheter ? en voulez-vous, voisin ?

— Oui, répond ce dernier ?

— Quel morceau désirez-vous ?

On désigne : les oreilles, tête, côtes, pieds, etc. mais on doit en même temps se toucher à soi-même la partie demandée sous peine d'un gage. Ce jeu continué long-temps devient assez embarrassant.

Un gage est dû à chaque erreur ou infraction aux règles ci-dessus.

LE DEVIN

Deux personnes s'entendent à l'avance et se par-tagent les rôles ; l'un est le devin, l'autre l'interro-gateur.

Le devin, à qui on a bandé les yeux, s'assied à une certaine distance des assistants, ou bien il se place derrière un paravent ou un meuble. Voici les questions que pose l'interrogateur au devin : « Vous connaissez monsieur X... ou madame X...? — Oui, très bien. — Connaissez-vous son chapeau? — Oui, très bien. — Connaissez-vous son gilet, son mouchoir, son pantalon? — Oui, très bien. — *Et* connaissez-vous son pardessus? — Oui, parfaitement.

— Eh bien, devinez quel est celui de ses vêtements que je tiens dans ma main?

Réponse : — Son pantalon! »

Le devin répond toujours juste et sans aucune

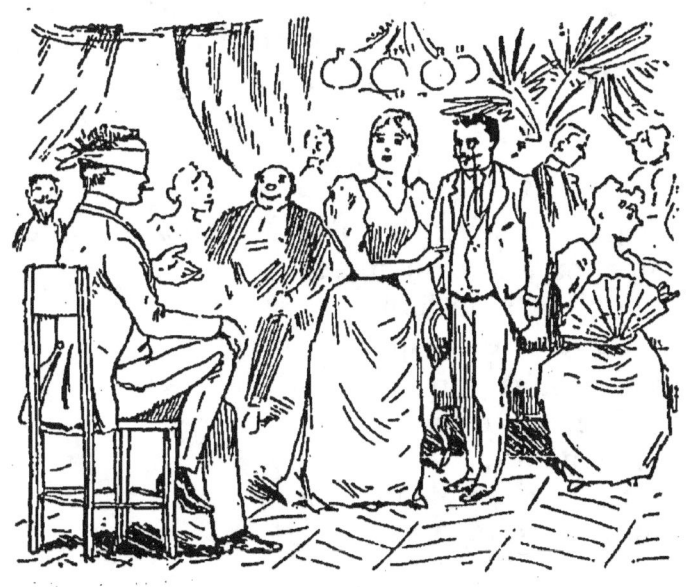

erreur possible, attendu que par suite de la convention faite entre lui et l'interrogateur, il doit toujours indiquer le vêtement qui dans les interrogations a immédiatement précédé celle commençant par : « *Et* connaissez-vous...? »

La personne dont le vêtement a été deviné prend la place du devin, et reste longtemps sur la sellette à moins d'un hasard favorable, puisqu'elle n'est pas dans le secret.

De plus, chaque fois qu'elle se trompe, elle donne un gage.

LES COQ-A-L'ANE

Un des joueurs est envoyé à l'écart et pendant son absence les autres joueurs se donnent réciproquement un mot à voix basse.

Lorsque les mots sont donnés, le maître du jeu est rappelé. Alors il adresse à chacun une interrogation personnelle à laquelle il faut répondre par le mot qui est échu; l'incohérence entre les questions et les réponses donne lieu souvent à des coq-à-l'âne fort plaisants. Les questions faites doivent être telles que beaucoup de réponses puissent s'y adapter.

EXEMPLE.

D. — Quelle est la plus délicieuse chose que l'on puisse manger à la campagne?
R. — Une botte de foin.
D. — A quoi me comparez-vous?
R. — A un hérisson.
D. — Qu'est-ce que la sagesse?
R. — Des nèfles.
D. — Que cache votre secret?
R. — Du poireau.

Un gage est dû par celui qui hésite, répète, ou a oublié le mot donné.

LA CASSETTE

Une des personnes présentes se lève; se plaçant au milieu du cercle elle prend un objet quelconque et le présente à son voisin de droite en disant : «Je vous vends ma cassette;» celui-ci répond : « Que voulez-vous y mettre?» et le vendeur doit aussitôt indiquer un nom se terminant en « ette » tel que : assiette, fleurette, trompette, etc. Chacun est vendeur et acheteur à son tour; un gage est dû par tout joueur qui ne trouve pas immédiatement une rime convenable.

LE CHIROMANCIEN

Pour ce jeu il est absolument nécessaire que le chiromancien connaisse du moins approximativement les noms des lignes des mains : la ligne vitale, la ligne de santé, la ligne de tête; avec la signification précise

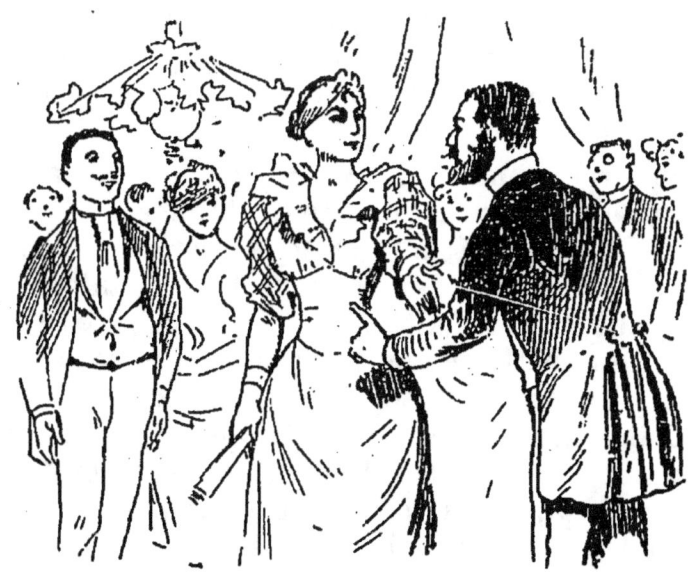

qu'elles portent en elles; de même il doit connaître également le nom des Monts qui se trouvent dans l'intérieur de la main : Mont de Jupiter, de Saturne, de Vénus, de Mercure, d'Apollon, etc; ainsi que leurs indications au point de vue astrologique.

Chaque personne prenant part à ce jeu prend le nom d'une de ces lignes et d'une planète et reçoit du chiromancien des instructions qui lui font connaître l'influence qui est attribuée au choix qu'elle a fait.

Le jeu est préparé :

Alors le chiromancien examinant la paume de la

main d'une dame, avec grande attention, feint de tirer
son horoscope; et chaque fois que l'orateur prononce
un des noms de lignes ou de planètes, le joueur qui
a adopté ces lignes et planètes doit donner leur explication scientifique.

Si par exemple, le chiromancien annonce que la
ligne vitale de la main tenue par lui, est entière; celui
qui porte le nom de cette ligne doit dire aussitôt que
c'est un signe de longévité; si elle est coupée par une
ligne, cela annonce maladie légère ou grave, ou
mort vers tel âge...

Il en est de même pour les Monts qui ont reçu,
comme on l'a dit plus haut, des noms de planètes, le
joueur à qui incombe ce soin doit indiquer le pro-
nostic favorable *ou redoutable* qui en est la consé-
quence fatale.

Le joueur qui manque à son devoir en ne sachant
que répondre, ou qui hésite, paye un gage.

Ce jeu, fort intéressant, prête à des saillies spiri-
tuelles ou plaisantes et cause selon le talent des
joueurs, une grande gaieté.

Comme on peut être embarrassé dans le cas où l'on
voudrait faire une réponse sérieuse, nous ne saurions
trop recommander de se procurer un ouvrage de prix
très minime et intéressant au plus haut point, qui
donne sur ce sujet des indications parfaites, *les mys-
tères de la main*, avec nombreuses vignettes explicatives
faisant partie de la même collection que le présent
ouvrage.

LE CONCERT GROTESQUE

Les joueurs prennent leurs places et sont assis
comme le sont les artistes d'un orchestre ordinaire; le
chef d'orchestre se tient debout devant eux, ayant en
main son bâton de mesure, et devant lui, soit une
chaise renversée, soit un meuble quelconque représentant son pupitre.

Pour que ce délassement devienne vraiment drôle, il s'agit de décider à prendre part au jeu quelques personnes âgées ou réputées pour leur sérieux ordinaire, ce qui doublera la gaieté de tous les assistants.

Chaque joueur adopte un instrument et devra, quand le moment sera venu, non seulement exécuter les gestes de son emploi, mais reproduire autant que possible le ton de son instrument ; ainsi le violon fera : crin, crin, en raclant consciencieusement ses cordes ;

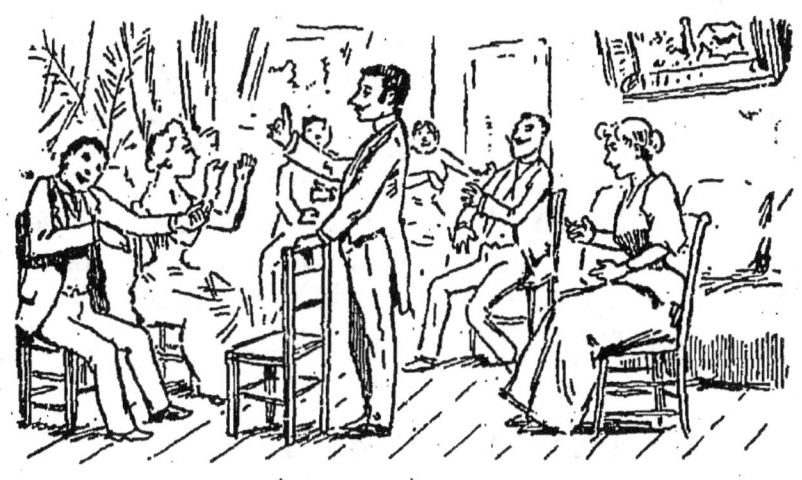

le tambour : rataplan plan, en battant de la caisse ; les timbales : tzim, boum, boum, en frappant en cadence ; le triangle : dzing ; le clairon : tla la ra ra... etc., etc.

Le signal est donné ; le chef d'orchestre a battu la mesure d'entrée et le concert commence avec autant de conviction et de sérieux que possible. Mais bientôt le chef, à demi satisfait, interrompt la musique d'un coup bref de son bâton de directeur, et interpelle l'un ou l'autre des exécutants ; et chacun doit donner une réponse technique ; ainsi le tambour interpellé dira : « Mes cordes sont un peu lâches » ; le violon : « Je manque de colophane » ; la clarinette : « J'ai un peu avalé mon embouchure » ; le clairon aura oublié de se vider, etc. Une réponse déjà faite et renouvelée fera donner un gage, de même, si elle tarde à se produire.

Bien entendu, aussitôt que le chef de musique interpelle un musicien, tous les autres artistes doivent cesser de jouer tout en restant prêts à continuer leur mélodie.

Cette pantomime des joueurs, ces bruits imitant les instruments, les interruptions, les reprises, les réponses singulières des interpellés intéressés à éviter de donner un gage, tout concourt à la gaieté de ce jeu vraiment amusant ; mais il devient absolument comique si on a eu la bonne fortune de gratifier d'instruments bizarres ou drôlatiques, les personnes dont nous avons parlé plus haut, et qui doivent bien regretter leur bienveillante condescendance, surtout s'ils ont affaire à un chef d'orchestre capable d'abuser un peu de leur bonne volonté. Du reste, nous pouvons affirmer, pour l'avoir remarqué nous-même bien souvent, que les gens sérieux qui se sont laissé prendre à cet appât étaient toujours de braves gens et des gens d'esprit.

LE JARDIN DE MA TANTE

Les personnes faisant partie du jeu seront tenues de répéter ce que le conducteur du jeu va dire ; un gage sera la punition de ceux qui auront, ou fait une erreur dans la réponse ou employé une phrase pour une autre.

On commence ainsi : « Je viens du jardin de ma tante : oh, le beau jardin, que le jardin de ma tante ! Dans le jardin de ma tante il y a quatre coins. »

La personne qui se trouve à la droite de l'orateur doit répéter invariablement, et sans hésitation aucune, ce qui vient d'être dit.

Lorsque chaque joueur s'est exécuté, le conducteur du jeu reprend toute cette même phrase et ajoute : « Dans le premier coin, il y a un jasmin, je vous aime sans fin. » Le tour achevé, il complète l'ensemble de ce qui a été dit déjà par : « Dans le second coin, il y a une rose ; je voudrais vous embrasser, mais je n'ose. »

Et ensuite : « Dans le troisième coin, il y a un muguet, dites-moi donc votre secret. »

Alors chacun fait une confidence à l'oreille de son voisin de gauche.

Le conducteur du jeu reprend la serie complète de toutes les phrases déjà dites, et arrivé à : « Dites-moi donc votre secret », il ajoute : « Dans le quatrième coin, il y a un pavot, ce que vous avez dit tout bas, répétez-le bien haut. »

Et alors c'est une découverte de secrets, de confidences quelquefois embarrassantes pour ceux qui sont obligés à cette révélation; ce qui amuse et fait beaucoup rire.

Un gage est dû à chaque erreur.

LE CORDONNIER

Le joueur qui a été choisi pour remplir le rôle de cordonnier, se met à genoux, s'accroupit ou s'assied

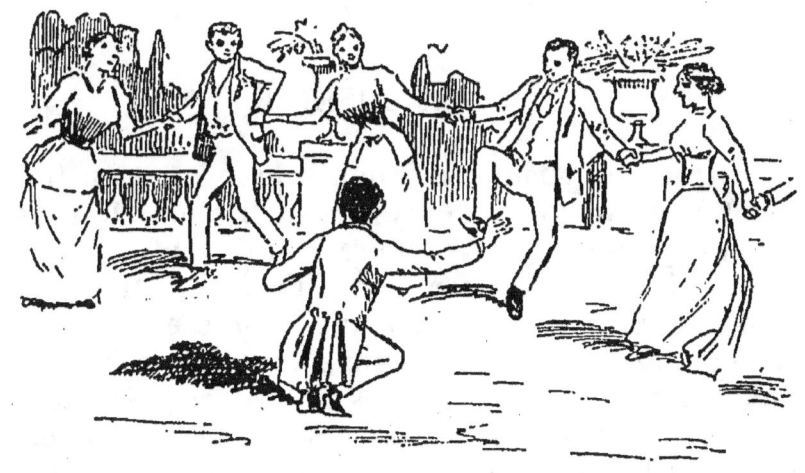

par terre, tirant le ligneul et frappant sur son ouvrage; les joueurs se tiennent par la main, forment cercle, et tournent autour de lui le plus rapidement possible.

Le cordonnier dit très vite :

« Allons belles, des beaux souliers.

« J'en essaie à vos jolis pieds. »

Et il cherche à happer au passage une pratique, soit en saisissant la jambe d'un monsieur, ou le bas de la robe d'une dame.

S'il y réussit, le joueur saisi n'a plus qu'à remplir son devoir de marchand de chaussures, et à payer un gage.

LES COURRIERS

Chaque joueur, à son tour, fait l'office de courrier et apporte quelques nouvelles ; ces nouvelles ne doivent concerner (suivant les convenances des joueurs) que la maison, le boudoir, l'office, la rue, la loge du concierge; ou bien c'est la principale nouvelle du jour ou du quartier, etc.

Un gage est dû par celui qui répète ce qui a déjà été dit ou y fait seulement allusion.

La gaieté de ce jeu dépend beaucoup de la faconde, de l'ingéniosité et de l'esprit que les joueurs apporteront dans leur narration.

BOITE D'AMOURETTE

Une personne parmi les joueurs prend une petite boîte et la présente à son voisin en disant: « Je vous vends ma petite boîte d'amourette qui contient trois choses : aimer, embrasser, congédier. » Celui-ci demande : « Qui aimez-vous?... qui embrassez-vous ?... qui congédiez-vous?... » A chacune de ces questions, le premier joueur indique une des personnes présentes; il embrasse celle qu'il a nommée à la deuxième question et fait donner un gage à celle qu'il a congédiée.

Chaque personne de la réunion remplit ces deux rôles à son tour.

LE BUCHERON

Le sort désigne celui qui sera le bûcheron ; celui-ci se choisit un camarade et lui dit à voix basse de quel bois se sompose son fagot.

Ceci terminé, le bûcheron et son ami se placent au centre de la réunion puis ils font le tour de la société en disant : « Fagots, fagots, à vendre ! » Un des joueurs

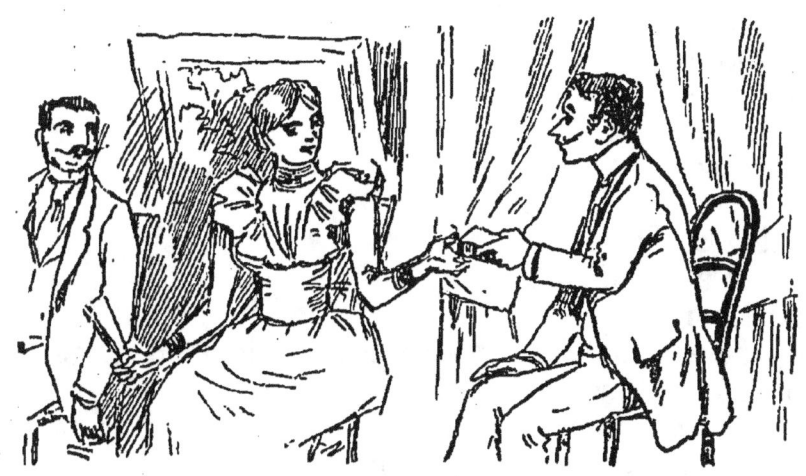

demande : « Quel prix en demandez-vous ? » le marchand répond : « Vous voulez acheter et ne savez pas de quel bois se compose mon fagot. » L'acheteur nomme aussitôt une variété de bois quelconque ; s'il n'a pas deviné, le camarade du bûcheron dit : « A d'autres, notre fagot ! » un autre joueur est interpellé comme plus haut pour savoir le prix, et nomme également une autre variété de bois que celle déjà indiquée par le précédent acheteur.

Celui qui devine est pris, donne un gage et devient à son tour Bûcheron. Les joueurs qui hésitent ou désignent un bois déjà nommé donnent un gage.

COMBIEN VAUT L'ORGE?

Chaque joueur reçoit du conducteur du jeu, un nom qu'il est tenu d'adopter et dont il a grand intérêt à se bien souvenir, ainsi qu'on va le voir; ces noms doivent être tels que l'on puisse les intercaler facilement dans une improvisation qui sera faite par le conducteur du jeu qui, lui, prend le titre de « Maître ».

Par exemple :

1° Antoine.

2° Vingt sous.

3° Comment.

4° Deux francs.

5° Combien.

6° Trente sous.

7° Nous sommes d'accord.

8° C'est entendu.

9° Ah! non, jamais.

Les joueurs, aussitôt que le nom dont ils ont charge sera prononcé, devront, répondre : « Plaît-il? maître, » sous peine d'un gage; plus la narration est rapide plus le nombre de gages donnés augmente.

Le conducteur du jeu peut dire ainsi :

Vingt sous (2. Plaît-il? maître) et deux francs (4. Plaît-il? maître) font trois francs dans ma poche; j'ai assez d'argent pour acheter mon orge.

Le maître : — Antoine? (1. Plaît-il? maître) combien vaut l'orge?

1. Trente sous. (6. Plaît-il? maître.)

Le maître : Nous sommes d'accord. (7. Plaît-li? maître.)

Le maître : Si tu avais plus demandé je n'aurais pas voulu en acheter. Ah! non, jamais! (9. Plaît-il? maître.)

Le maître : Cependant, la semaine dernière l'orge ne valait que vingt sous? (2. Plaît-il? maître.)

Le maître : Combien dites-vous? (5. Plaît-il? maître.)

Le maître : Comment faire ? (3. Plaît-il? maître.)

Le maître : Non, le prix est bien aujourd'hui de trente sous. (6. Plaît-il? maître.)

Le maître : Nous sommes d'accord... (7. Plaît-il? maître.)

Le maître : Deux francs, c'est trop (4. Plaît-il? maître) vingt sous (2. Plaît-il? maître) c'est trop peu, trente sous... (6. Plaît-il? maître) c'est bien; alors, c'est entendu! (8. Plaît-il? maître.)

On peut varier à l'infini ce genre d'improvisation.

COLIN-MAILLARD

Lorsque l'on joue le Colin-Maillard ordinaire, l'un des joueurs, les yeux tamponnés par un mouchoir, doit chercher à saisir un de ses camarades qui échappe par tous les moyens, par toutes les ruses possibles, à son

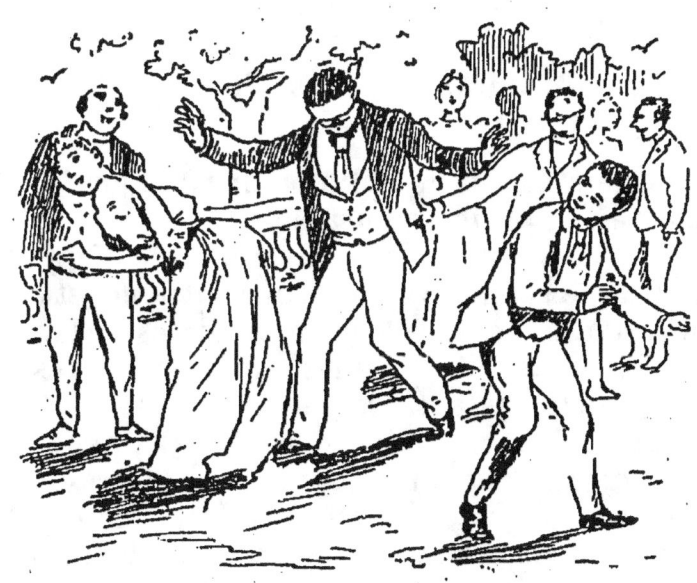

étreinte; on le provoque, on l'appelle... Lorsqu'il a saisi un des joueurs, il doit reconnaître la personne saisie et dire son nom: s'il se trompe tout est à recommencer.

S'il s'approche d'un endroit où il pourrait se frapper ou casser quelque chose, on lui crie: « Casse-cou! »

Le joueur saisi et reconnu paye un gage et prend la place du Colin-Maillard; mais si le patient ne parvient pas en un espace de temps donné à se trouver un successeur par la reconnaissance qu'il aura faite d'une personne en son pouvoir, il paye un fort gage, et ne peut être remplacé qu'autant que la bonne volonté des joueurs le permet.

Ce jeu fort ancien a été mis en honneur en souvenir d'un illustre guerrier du x⁰ siècle nommé Maillard, soldat intrépide qui, dans une bataille, eut les yeux crevés, et ne cessa pas moins, sous la conduite de ses amis, de se battre vaillamment pendant toute la durée de l'action.

Ce jeu a reçu plusieurs modifications intéressantes que nous allons faire connaître et expliquer à nos lecteurs.

COLIN-MAILLARD A LA SILHOUETTE

Cette variété du jeu de Colin-Maillard se joue le soir aux lumières, et est fort amusante.

On place dans un endroit favorable de l'appartement une large serviette blanche bien étendue, et à une certaine distance, une ou plusieurs lumières, en laissant entre la pièce de linge et les lumières, un espace suffisant pour le passage des joueurs.

Celui qui est chargé du rôle de Colin-Maillard s'assied à terre ou sur un tabouret bas, au-dessous de la serviette, et les joueurs défilent à leur tour de rôle, successivement, en grand silence, entre le Colin-Maillard et les lumières; leur ombre est répétée sur le linge, plus ou moins agrandie à leur gré, selon qu'ils se rapprochent ou s'écartent du foyer lumineux.

Le Colin-Maillard, immobile, et qui ne doit jamais se retourner, ni chercher à voir à gauche ou à droite sous peine d'un gage, doit s'efforcer de reconnaître chaque personne au passage, en contemplant la silhouette produite ; s'il réussit, la personne reconnue donne un gage et prend sa place.

La difficulté s'accentue par les contorsions et gri-

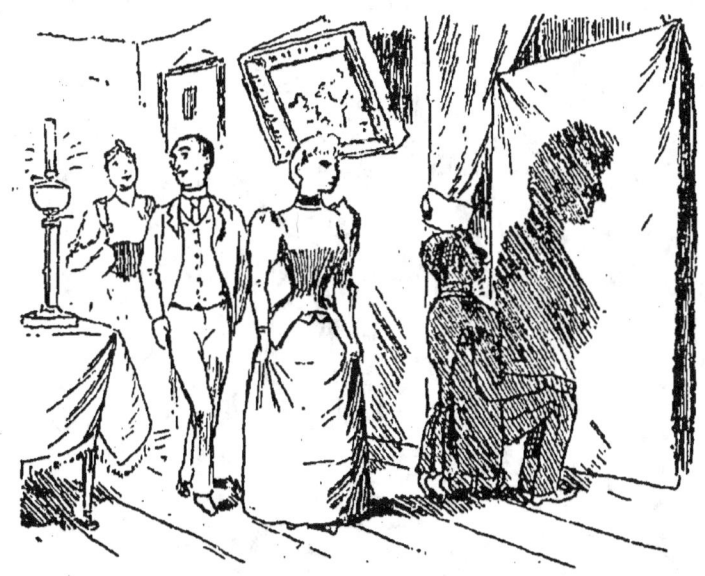

maces dont chaque joueur use et abuse pour changer l'aspect de sa physionomie : ce qui double la joie de ceux qui prennent part à cet amusement.

COLIN-MAILLARD EN REPOS

On couvre les yeux du patient de façon que nul subterfuge ne puisse lui venir en aide. Cela fait, chaque joueur choisit à son gré, une place qu'il sera tenue de ne plus quitter sous peine d'un gage.

Une personne prend par la main le Colin-Maillard, lui fait faire quelques courses dans l'appartement, ainsi que des volte-face, des pirouettes pour le dérouter, puis le lâche enfin et le laisse tâtonner ensuite comme il l'entend.

Les joueurs ont le droit de se baisser, se rapetisser, prendre des poses impossibles, changer de vêtements, mais toujours sans quitter leur poste bien que quelquefois on convienne que l'on pourra changer une ou deux fois de place ; c'est une affaire de caprice à concerter entre tous.

Le Colin-Maillard s'avance avec hésitation, il saisit

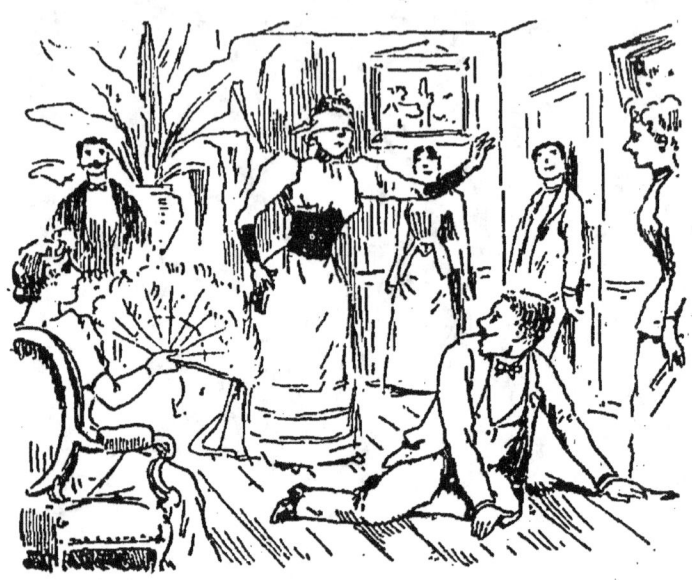

un joueur qui se tient immobile et après avoir palpé ses vêtements, sa figure, il s'efforce de dénommer la personne qu'il tient.

Chaque personne reconnue prend la place de celui-ci et donne un gage.

COLIN-MAILLARD ASSIS

Les joueurs assis en rond, de manière qu'une dame soit toujours entre deux messieurs, le Colin-Maillard qui a regardé et pris bonne note de l'emplacement occupé par chacun, se fait bander les yeux ; pendant ce temps, chaque joueur change de place, sans bruit, pour le dépister.

Quand tout est fini on avertit le Coilin-Maillard, qui s'avance à la rencontre des joueurs ; chacun est obligé de tendre la main ; le Colin-Maillard en saisit une, et alors, pour chercher à reconnaître la personne dont il tient la main, il fait des observations, des remarques, qui tendent à faire rire et à agiter cette personne dans

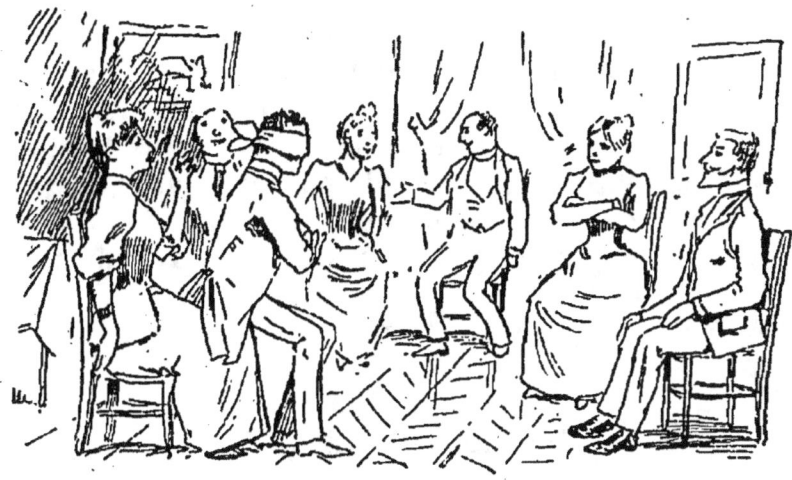

le but d'être mis sur la bonne voie pour la reconnaître. Enfin, il prononce un nom ; s'il devine juste on lui retire son bandeau, la personne reconnue donne un gage et prend sa place.

COLIN-MAILLARD A LA BAGUETTE

Dans ce jeu, les joueurs se forment en cercle, et se tenant par la main tournent sans bruit ou bien en chantant une ronde autour du Colin-Maillard qui a les yeux bandés et est armé d'une baguette.

Ce dernier, à un moment donné, s'avance et étend la baguette de manière à toucher un des joueurs ; aussitôt le jeu s'arrête et tout le monde se tient immobile et sans bruit.

Alors le Colin-Maillard ordonne à la personne touchée de répéter trois fois une parole qu'il prononce. Le joueur interpellé a le droit de modifier sa voix, de contrefaire sa prononciation ordinaire. S'il est reconnu il prend la place du Colin-Maillard et donne un gage. Dans le cas contraire le jeu continue.

COLIN-MAILLARD CAPTIF

Ce jeu est une variété du Colin-Maillard assis, que
nous avons indiqué plus haut. La seule différence
consiste en ce que le Colin-Maillard qui précédemment
cherchait au hasard à saisir une des mains tendues
vers lui, est dans ce cas, guidé par une dame, si c'est
un homme, ou par un homme si c'est une dame, vers
une personne que l'on juge plus difficile à reconnaître.

Les règles du jeu sont les mêmes.

LES CISEAUX CROISÉS

Chaque joueur se passe à tour de rôle une paire de
ciseaux en disant : « Je vous vends mes ciseaux
croisés » ou bien :
« Je vous vends mes ciseaux non croisés. »
Cette phrase doit être prononcée en ayant grand
soin de croiser les bras ou les jambes, ou les décroiser,
selon le cas.

*Toute erreur coûte un gage à celui qui l'a commise, et
ils sont vite nombreux si on a soin de conduire rapidement
ce jeu.*

LE CORBILLON

Ce jeu très ancien est toujours pratiqué avec
plaisir.
Après s'être assis en rond, les joueurs se passent à
tour de rôle un objet quelconque, corbeille ou vase, en
disant à leur voisin : « Je vous vends mon corbillon. »
Le voisin répond en s'adressant à celui qui se trouve
près de lui : « Qu'y met-on ? » Ce dernier doit répondre

aussitôt par un mot se terminant en « on ». Thon, oignon, pigeon, bonbon, etc. Les questions et les réponses font le tour du cercle jusqu'à ce que l'on soit

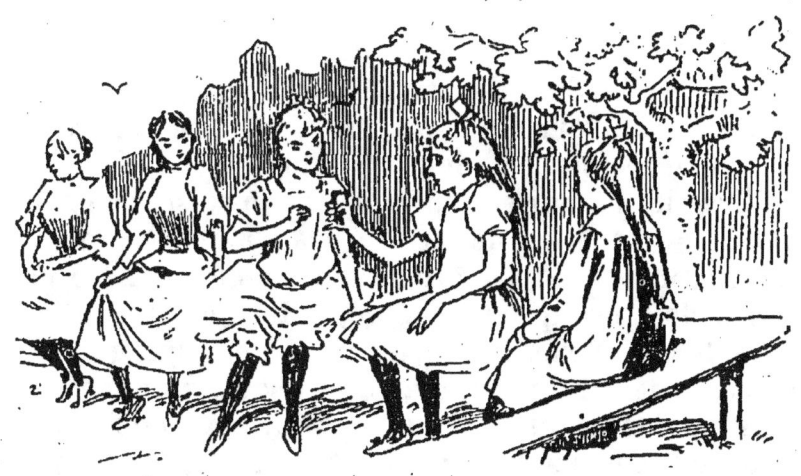

à bout de mots ayant la terminaison voulue; mots qui deviennent d'autant plus difficiles à trouver que le jeu dure plus longtemps.

On ordonne un gage à ceux des joueurs qui auront mal répondu ou trop longtemps hésité à répondre.

COTON VOLE

Une personne souffle sur un petit morceau de coton non cardé et cherche à le maintenir en l'air en le poussant avec son souffle sur une autre personne; chaque joueur cherche par le même moyen à le repousser vers son voisin; les joueurs ont grand intérêt à faire ainsi, car celui sur lequel le morceau de coton s'est posé ou qui l'a laissé tomber à terre paye un gage.

Le spectacle est curieux et amusant quand on voit une foule de personnes s'exténuer à souffler sur ce petit lambeau de ouate afin d'éviter à avoir à donner un gage.

LE CHIEN DE M. LE CURÉ N'AIME PAS LES OS

Ce jeu est le divertissement préféré par les jeunes enfants à qui il offre une occasion de faire preuve de leur connaissance de la langue française.

Le premier joueur se tourne vers son voisin de droite et lui dit : « Le chien de M. le Curé n'aime pas les os, que lui donne-t-on? » Celui-ci alors doit répondre par un nom de chose qui se mange, mais qui ne contient pas la lettre O : de la viande, du veau, des asperges, etc.

Ce jeu devient intéressant au bout d'un certain temps où les noms sans O n'ayant pas encore été prononcés, deviennent rares, et donnent lieu soit à des redites, soit à des erreurs, soit à des hésitations qui naturellement sont toutes punies d'un gage.

LES ÉLÉMENTS

Une personne se lève et se place au milieu du cercle des joueurs, elle jette son mouchoir sur les genoux d'une des personnes assises, en nommant les quatre éléments : Air, Terre, Eau, Feu, ou seulement l'un d'eux à son gré.

Celui des joueurs qui a reçu le mouchoir doit aussitôt donner le nom d'un des êtres qui habitent chacun des éléments divers, ou un être de l'élément qui seul a été nommé : ainsi par exemple, pour les quatre éléments ; Vautour, Ane, Baleine ; on ne doit jamais répondre au mot feu.

S'il y a la moindre hésitation dans la réponse, ou erreur d'histoire naturelle, comme par exemple si l'on cite le nom d'un oiseau pour répondre à l'élément Eau, ou bien si l'on répète un nom déjà nommé, le joueur qui a failli est passible d'un gage.

LE GANT

Un des joueurs prend un gant et le jette à un des joueurs qui doit le rattraper sous peine d'un gage ; il dit : « Je te jette mon gant » ; celui qui l'a reçu répond : « Pourquoi me le jettes-tu ? — Parce que tu es charmant, plaisant, aimant, bon enfant ».

La réponse doit, on le voit, toujours comprendre un mot dont la terminaison est *ant* ; hésiter, mal répondre,

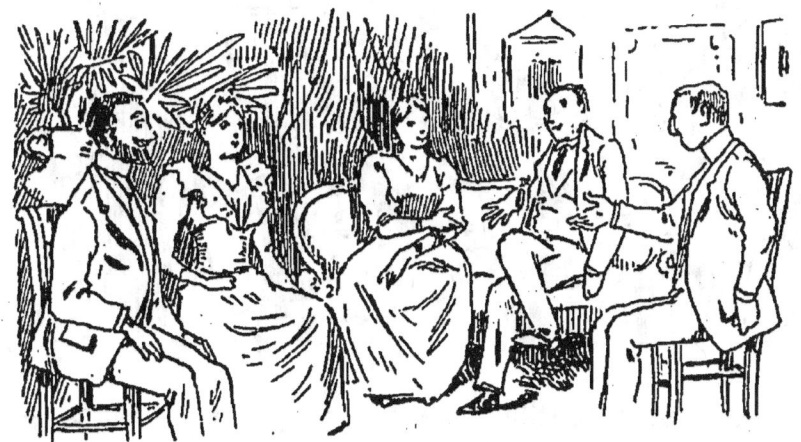

ou répondre par un mot déjà dit, fait donner un gage,

On peut répondre aussi aux paroles : « Je te jette mon gant », par ces mots : « En quoi faisant ? »

Et la personne qui a jeté le gant, répond par un participe présent, comme, par exemple : « En badinant en riant, en me moquant, etc. »

Celui qui a laissé tomber à terre le gant qui lui est jeté est aussi passible d'un gage.

LA GIROUETTE

Les joueurs choisissent dans le jardin, quand on en a un, quatre arbres formant carré et inscrivent sur ces

arbres les noms des quatre points cardinaux. Nord,
Sud, Est, Ouest; si l'on ne peut sortir, il est facile de
se livrer à ce jeu dans l'intérieur de la maison, en atta-
chant aux quatre coins d'une salle quelconque, de petites
planchettes portant les désignations indiquées déjà.

Un des joueurs choisi parmi la réunion prend le nom
d'Éole « dieu des Vents ». Les autres joueurs faisant
office de girouette, se placent au centre du carré, sur

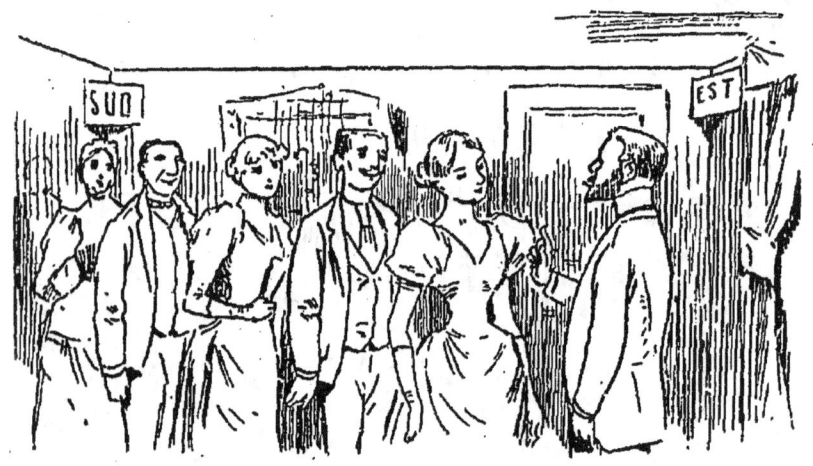

une ou plusieurs files, de façon que les dames se
trouvent autant que possible entre les messieurs.

A ce moment Éole indique à haute voix un des points
cardinaux, Nord, par exemple, et tous les joueurs
doivent immédiatement, et toujours, se tourner la figure
vers le côté opposé, au Sud; si Éole crie: Est, tout le
monde se tourne vers l'Ouest; au mot tempête, il faut
tourner trois fois sur soi-même et se retrouver placé
dans le même sens qu'auparavant; au mot Variable,
chaque joueur se balance jusqu'à ce que le dieu des
Vents ajoute le nom d'un des points cardinaux à
l'opposé duquel on devra se tourner.

Mais si le dieu capricieux se plaît à nommer le point
auquel on est directement opposé, si par exemple,
après avoir indiqué Sud, il indique brusquement
Nord, côté opposé, tous les joueurs doivent rester immobiles.

Ce jeu est très mouvementé et très gai si le dieu Éole sait souffler bien à propos. (Inutile de dire que si dans le cours du jeu, un monsieur quitte la réunion, et disparaît quelques instants, c'est qu'il fera un beau fixe.)

Chaque erreur dans le mouvement des girouettes amène un gage.

BEAU LANGAGE

Ce jeu demande une grande souplesse de langue, car il s'agit de répéter, rapidement et sans faute, un nombre de fois déterminé, sous peine de donner des gages, une phrase déjà difficile à prononcer par elle-même.

EXEMPLES.

Si j'étais petite pomme d'api je me dépetite pomme d'apierais bien.

Si j'étais petit pot de beurre, je me dépetitpot de beurrerais bien.

Gros, gras, grain d'orge, quand te dégrosgrasgrain d'orgeriseras-tu? Je me dégrosgrasgrain d'orgeriserai, quand tous les autres grosgrasgrain d'orge se dégrosgrasgrain d'orgeriseront.

Quatre dans chaque sac, dans chaque sac quatre.

Pruneaux cuits, pruneaux crus.

Du touffu thym, du thym touffu.

LE BATELIER

Ce jeu s'éxécute avec quatre personnes dont chacune d'elles fait :

1° Le batelier ;
2° La brebis ;
3° Le loup ;
4° Le chou.

On étend au milieu de la salle une pièce d'étoffe ou un tapis figurant une rivière; le batelier ne peut passer qu'une seule chose à la fois, et il doit veiller en effectuant le passage, à ne laisser jamais de compagnie la brebis et le chou, ou le loup et la brebis, de peur d'un accident funeste.

Chaque joueur est batelier à son tour et dit bas à

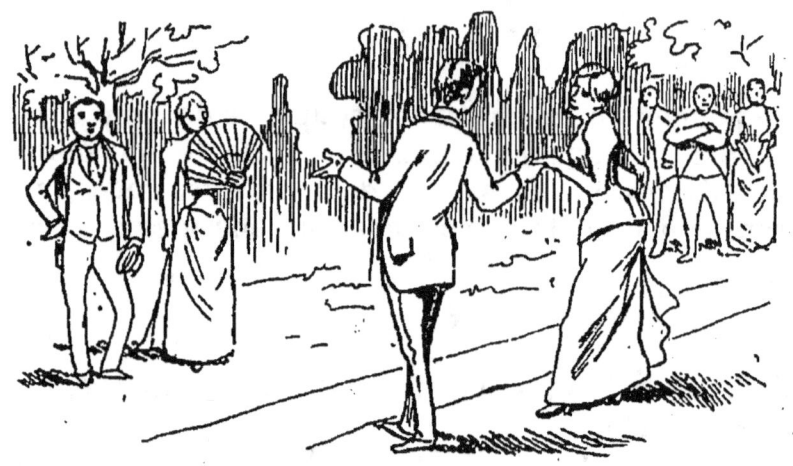

l'oreille d'une personne désignée le procédé qu'il va employer.

Il va sans dire que toute solution fausse ou insuffisante entraîne un gage.

Le problème se résout ainsi :

1° Passer d'abord la brebis ;

2° Revenir ensuite prendre le chou, le laisser sur l'autre rive, et ramener la brebis avec soi ;

3° Laisser la brebis et passer le loup qui généralement n'aime pas le chou ;

4° Revenir prendre la brebis.

Ce jeu peut servir de pénitence.

Un gage est dû par tout joueur qui n'aura pas indiqué la solution convenable.

L'OISELEUR

On choisit d'abord tous les noms d'oiseaux dont on peut imiter les cris, on s'assied en cercle et le conducteur du jeu, choisi par tous les joueurs, prend le nom d'oiseleur et se place au centre.

Voici les noms de plusieurs oiseaux, cela mettra sur la voie pour en choisir d'autres si la réunion est nombreuse :

Chouette. — Pie. — Serin. — Coucou. — Courlis. — Coq. — Poule. — Canard. — Dinde. — Moineau. — Tourterelle. — Perdrix. — Corbeau. — Perroquet. — Alouette. — Caille, etc.

Le jeu commence, l'Oiseleur improvise une historiette quelconque ; chaque fois que dans le cours de sa narration il prononce le nom d'un des oiseaux adoptés,

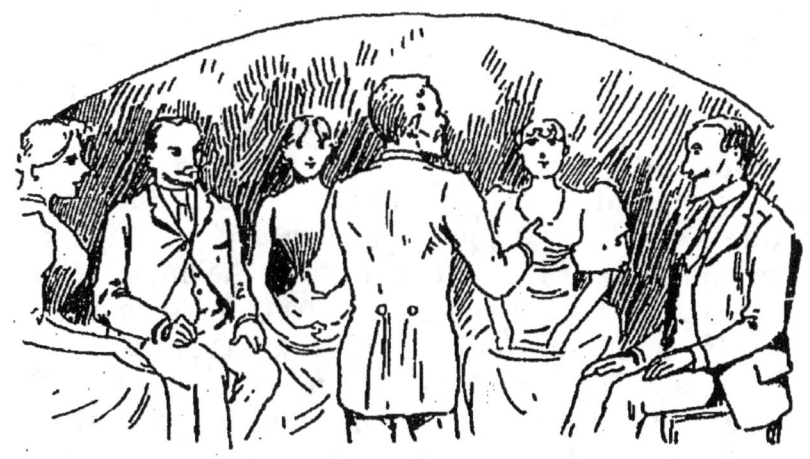

la personne qui a fait choix de ce rôle répond par un cri approprié. Si l'Oiseleur prononce le nom de : « Volière, » tous les joueurs poussent ensemble leur cri particulier, en essayant de se rapprocher le plus possible de l'état de nature, ce qui augmente le rire.

De temps en temps, l'Oiseleur fait revenir dans son récit la chouette, et crie lui-même : « Chou, chou, ou, ou ; » à ce moment les joueurs assis en cercle et qui doivent tenir leurs mains invariablement posées sur les genoux, sont tenus d'agiter les bras en l'air pendant le temps que résonne le cri de la chouette ; l'Oiseleur s'efforce de saisir une de ces mains ; s'il réussit, le joueur saisi prend sa place ; s'il n'en arrête aucune, il paye un gage et continue sa narration. Puis le jeu reprend après que chacun a replacé les mains sur les genoux.

Il est dû un gage : 1° quand l'oiseleur n'a attrapé personne ; 2° toutes les fois qu'étant nommé, on a oublié de répondre aussitôt par le cri de l'oiseau adopté, ou si l'on tarde trop ou bien si l'on ne joint point son cri à celui des autres volatiles quand est prononcé le mot « Volière ». Enfin lorsque étant saisi on remplace l'oiseleur.

On peut faire une narration de ce genre :

— Un canard (coing, coing), une pie (kiac, kiac) et un coucou (coucou, coucou), se disputaient un matin ; la pie (...) reprochait sa gourmandise au canard (...) ; celui-ci, son bavardage à la pie (...) et tous deux sa vilaine vie de garçon au coucou (...) ; un courlis (...), qui vint à passer, se mit à rire, un moineau (...) en fit autant, ce qui les fâcha si fort que tous se mirent à crier et à caqueter comme oiseaux en volière (tous les joueurs poussent leur cri), puis on convint de demander à d'autres oiseaux du voisinage leur avis au sujet de savoir lequel des trois volatiles avait la meilleure réputation ; au premier appel il accourut des camarades de tous les côtés : des tourterelles (...), des perdrix (...), des allouettes (...), une caille (...), un grave corbeau (...), un médisant perroquet (...) en rupture de volière (tous...) ; les coqs (...) et les poules (...) dédaignèrent se commettre en pareille société ; il y avait cependant quelques oiseaux d'esprit, surtout quand arrivèrent une dinde (...) et un superbe serin (...), mais tous se mirent à parler en même temps ; on ne s'entendait plus, on se serait cru dans une volière (tous...).

Tout à coup, le coq (...), la poule (...) firent entendre un cri particulier, qui donna le frisson à tous les volatiles, et l'on vit passer sans bruit, dans les airs, une chouette (tous agitent les mains et l'oiseleur cherche à en saisir une), etc...

Ce jeu produit de nombreux gages, tant il est difficile aux joueurs de bien garder leur attention.

TIREZ, LÂCHEZ!

Ce jeu est bien simple et cependant il amuse beaucoup et fournit de nombreux gages.

Un monsieur se procure autant de bouts de corde ou de rubans qu'il y a de joueurs, et tenant toutes les

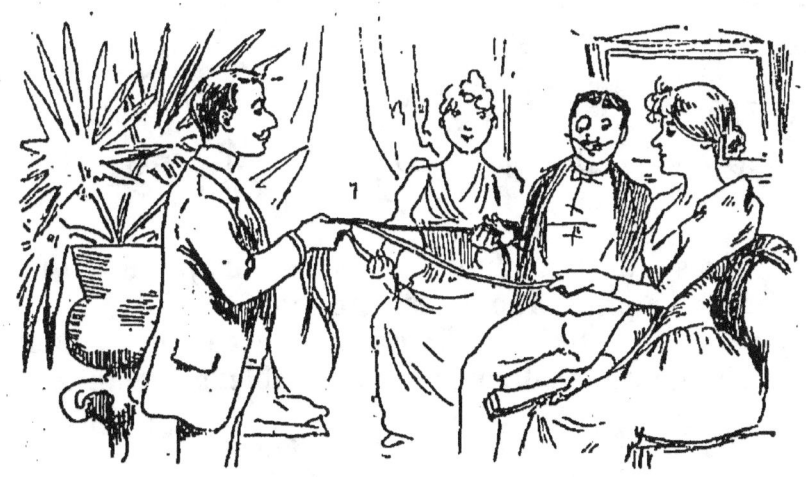

extrémités dans sa main il donne le bout d'un ruban à tenir, à chacun des joueurs.

Il raconte une petite histoire et au moment où on l'écoute il dit brusquement : « Tirez ! » ou bien : « Lâchez ! »

Bien entendu que l'on doit tirer ou lâcher suivant l'ordre donné ; cela est bien simple, et cependant les gages sont nombreux.

LE LION MALADE

La personne qui conduit le jeu et fait une narration s'appelle le Docteur du Lion; les autres joueurs choisissent un animal quelconque et s'efforcent d'imiter

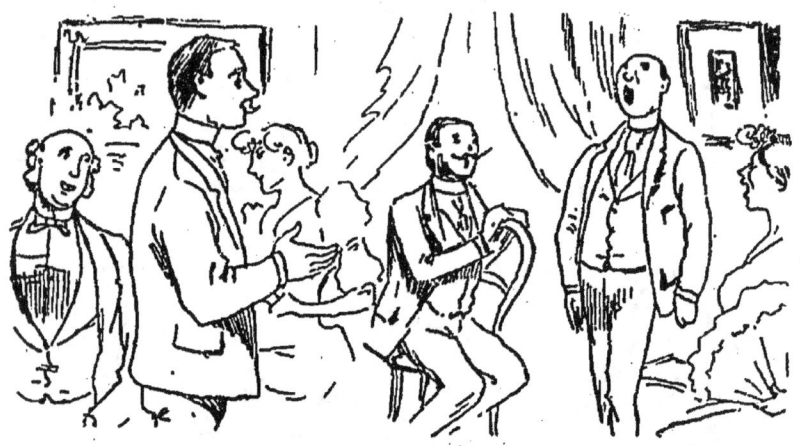

les cris des animaux choisis par eux; chaque fois que le nom de l'animal adopté est prononcé.

Bien que ce choix et l'imitation de ces cris soient faciles, nous allons donner le petit tableau suivant.

Le bœuf	Beu, eu, eu.
La brebis	Bé, é, é.
La chèvre	Heing, heing.
Le chien	Ouah, ouah, ouah.
Le chat	Miaou, miaou.
L'âne	Hihan, hihan.
Le lion	Gron, gron, gron.
La panthère	Rou, rou, rou.
La marmotte	You, you, you.
L'éléphant	Han, han.
Le rat	Zit, zit.

Le Docteur du Lion se met à raconter une histoire quelconque ayant trait à une maladie de son royal client : — Le lion avait mangé trop de bœuf (beu) sans le faire cuire assez et surtout sans Liebig ; une indigestion s'en était suivie ; lui faire prendre du lait de brebis (...) ou de chèvre (...) ; oh ! oui, c'est le chat ! (...) le faire promener à dos d'âne (...), impossible d'y penser, il aurait fallu pour le porter, un éléphant (...), et dame cela aurait été coûteux ; puis il était chien (...) comme un rat, etc.

On peut choisir comme sujet de narration le Lion d'Androclès une scène de ménage du Lion ; le Lion de Florence, etc... enfin une allusion comique aux lions (dandys) des anciens boulevards parisiens.

Chaque personne interpellée doit se lever pour pousser son cri, et se rasseoir aussitôt ; *un gage est dû à chaque oubli du rôle ou à chaque hésitation un peu prolongée.*

L'ÉCHO

Ce jeu a beaucoup de ressemblance avec l'Amphigouri déjà cité plus haut.

Un des joueurs choisi à cet effet, raconte quelque histoire de soldat, de marin, d'artiste, ou de profession bien connue, etc. ; les autres joueurs, à l'annonce du sujet qui va être traité, s'affublent du nom du héros de l'histoire ou d'un des objets qui entreront dans le récit à faire.

Chaque fois que le nom de l'objet par eux choisi reviendra sur les lèvres du narrateur, ils seront tenus de faire Écho ; c'est-à-dire, de répéter ce nom deux fois, s'il n'a été prononcé qu'une fois, et une fois seulement, si le narrateur a répété deux fois le même nom. — A la fin du récit, tous les joueurs doivent répéter la dernière phrase trois fois de suite ; *le tout sous peine d'un gage qui est dû à chaque erreur.*

Prenons comme exemple, cette petite historiette, en convenant que les noms choisis sont ceux-ci : baron d'Esclaff, écho, rochers, domestique, Gascon, bien, dîner, rire, parc, pari, merveille.

—Le baron d'Esclaff (2) avait invité quelques amis à
dîner ; (2) pendant le repas, on parlait d'échos (2)
célèbres : « Moi, disait l'un, je possède un écho (2) qui
répète vingt et une fois. — Il est bien bavard ! disait
un autre d'un air goguenard. — Eh bien moi, dit un
Gascon, (2) j'en possède un qui répond intelligemment
et six fois de suite. » On se mit à rire, à rire (1). « Oui
dit-il, quand je lui demande : comment te portes-tu?...
il répond six fois, je me porte bien, bien, bien (1) ; le

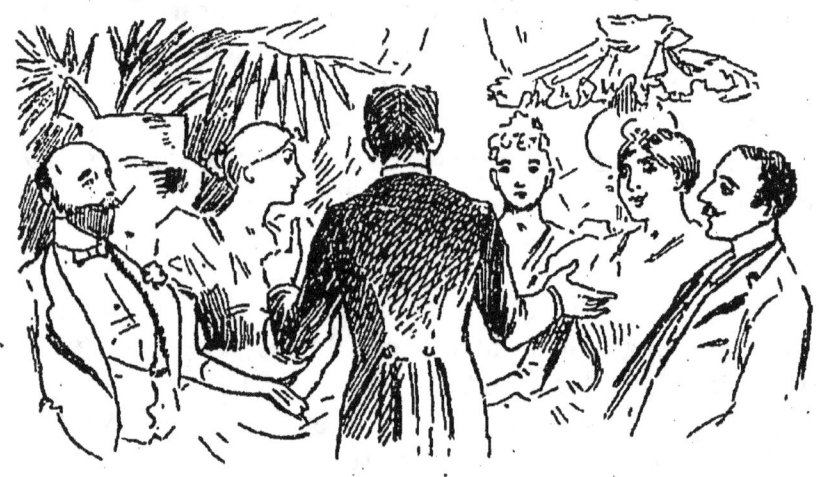

rire (2) redoubla ; moi, dit l'amphitrion, j'en ai un ici
dans mon parc (2) qui répète trente et une fois bien
distinctement ces deux mots : « Y es-tu ? » alors on se
mit à s'esclaffer de rire (2), de rire (2)! Puis comme
on se moquait de lui, il proposa un pari (2) à l'instant
même.

On accepta le pari, pari (1) et tous se levèrent pour
aller entendre cette merveille (2).

Le baron d'Esclaff profita de l'inattention de ses
invités pour héler Jean (2), un de ses domestiques (2),
gros homme plein d'intelligence et de dévouement. Il
lui dit : « Tu vas aller te cacher derrière les rochers (2)
de notre écho (2), j'y vais avec mes invités : j'ai fait un
pari, pari (1), je te dirai : « Y es-tu ? » (2) et tu répon-
dras en imitant ma voix, trente et une fois de suite...

— Bien, monsieur d'Esclaff (2), comptez sur moi, j'y cours de suite ; j'ai compris. »

Le baron et ses invités allèrent sans se presser, au rendez-vous de l'écho (2) ; il y avait bien longtemps déjà que Jean (2) était caché; une fois arrivé tout le monde observa un silence religieux; le baron d'Esclaff (2) cria d'une voix de stentor : « Y es-tu ? » (2) Alors Jean (2), derrière les rochers (2), sur le même ton que son maître, fit écho (2) et répondit : « Oui, m'sieu le baron ! » (Tous répètent trois fois.)

LES MOUTONS

Les joueurs choisissent : un boucher, un berger et un bélier. Tous les autres joueurs remplissent le rôle de moutons et s'asseoient à terre; le bélier est en tête et le berger sur le côté.

Lorsque tout le monde occupe sa place, le boucher

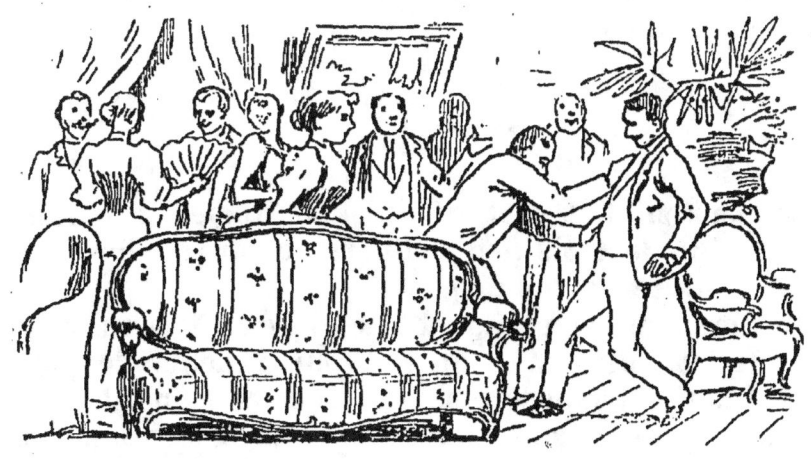

arrive et demande à acheter des moutons ; il les examine, fait des remarques plaisantes sur leur état d'embonpoint, leur âge, leur race, leur qualité présumée, puis le marché se conclut, et le boucher s'éloigne en disant qu'il va revenir chercher le troupeau acheté.

Aussitôt son départ, le berger fait entrer ses moutons

dans la bergerie, figurée par un carré tracé sur la terre si l'on est au jardin, et entouré d'obstacles, si possible ; ou bien, si l'on est dans un salon, on simule l'enceinte de la bergerie par un rempart de chaises, de fauteuils, etc.

Une entrée assez large pour que deux ou trois personnes puissent y avoir accès de front doit être ménagée dans l'enceinte.

Les moutons entrent dans la bergerie et le bélier se tient au seuil, sur la défensive.

Le boucher revient, donne le prix convenu puis veut s'emparer de ses moutons : « Allez les prendre dans la bergerie, » dit le berger.

Le boucher s'avance, mais le bélier défend l'entrée et fait obstacle à son passage.

Alors commence la lutte ; les moutons affolés fuient à gauche, à droite, dans tous les sens, et le boucher cherche à les happer au passage.

Les joueurs qui sont pris paient un gage. Si le boucher renonce à prendre ses moutons, il est puni lui aussi d'un gage.

FAIRE UN BOUQUET

Le pénitent fait part au directeur du jeu du choix qu'il a fait de trois fleurs différentes auxquelles il a attribué un sens symbolique.

Le directeur en prend note et inscrit à la suite le nom de trois personnes du jeu, puis il demande quel sens il faut attribuer au choix fait de chacune de ces fleurs ; le pénitent donne aussitôt cette explication.

Alors le directeur rend compte aux personnes désignées des indications fournies.

Ce jeu donne lieu à des situations piquantes ou gracieuses ; ainsi par exemple, on peut procéder ainsi :

Le directeur : Mademoiselle, choisissez trois fleurs.

La pénitente : Je choisis la violette, la pensée et la fleur de chardon.

Le directeur : Que faites-vous de la violette?

La pénitente : Je la donne comme emblème de la modestie.

Le directeur : Que faites-vous de la pensée?

La pénitente : Je la serre contre mon cœur.

Le directeur : Que faites-vous de la fleur de chardon ?

La pénitente : Je la destine aux gens d'esprit.

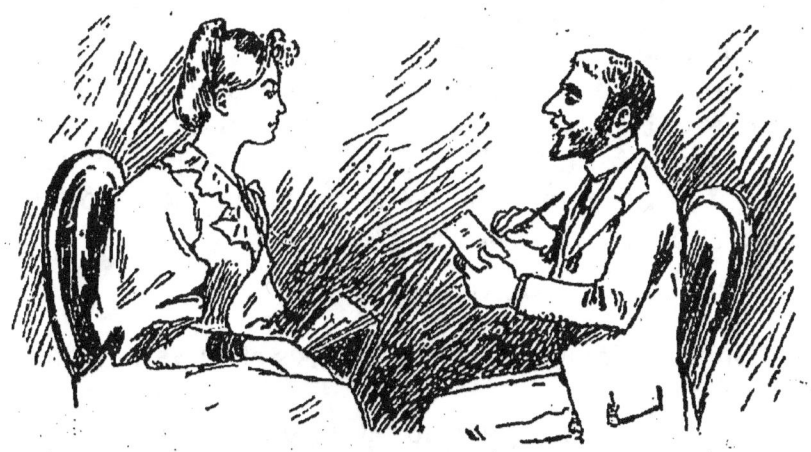

Le directeur : Eh bien, mademoiselle, vous avez fait un compliment exagéré à M. X***.

Vous avez mis sur votre cœur mademoiselle Y***.

Et pour la troisième plante, M. X*** vous est profondément reconnaissant de votre bienveillante attention !

On peut choisir le souci, la rose parfumée, l'œillet blanc de la candeur virginale, le lierre si affectueux, etc, etc.

LES BIDONS DES RÉSERVISTES

Ce jeu est du même genre que le précédent et peut aussi être imposé comme pénitence pour deux joueurs à la fois.

Tout le monde est soldat dans ce jeu, ainsi le veut la loi.

Un des joueurs, appelé Gros Major, fait sortir des rangs,

deux soldats, leur remet un vase quelconque dans
lequel on a mesuré bien exactement huit litres d'eau,
puis il leur distribue deux autres vases ou mesures vides,
contenant, l'un cinq litres, l'autre trois litres ; ce sont
des bidons de soldat.

Puis il leur dit : « Voici la ration pour deux hommes
en campagne, huit litres de vin ; partagez-vous-les en
deux parts égales de quatre litres, et que chacun ait
bien son compte ou gare la salle de police ! »

Les joueurs qui ne pourront résoudre cette difficulté
seront mis à part et soumis à une pénitence.

La solution se dit à l'oreille du Gros Major, ou bien
on la lui remet par écrit ; de cette façon chaque joueur
a sa part de difficulté à vaincre.

Solution :

1° Remplir le bidon de trois litres et le verser dans
celui de cinq.

2° Remplir de nouveau le bidon de trois litres et le
verser encore dans celui de cinq.

Le bidon de cinq litres ayant déjà reçu trois litres,
ne pourra plus en recevoir que deux ; il reste donc dans
le bidon de trois litres, un litre parfaitement mesuré.

3° Reverser dans le grand vase le contenu du bidon
de cinq litres.

4° Verser dans le bidon de cinq litres, le litre contenu
dans celui de trois litres.

5° Remplir le bidon de trois litres et verser ce contenu dans celui de cinq litres, contenant déjà un litre.

Ce qui fera quatre litres bien mesurés.

LA MARGUERITE

Depuis un temps immémorial les jeunes gens ont
cherché une indication au sujet du sort heureux ou
malheureux de leurs espérances, en effeuillant une
marguerite et en disant à chaque feuille enlevée : « Il ou
elle m'aime, un peu, beaucoup, passionnément, pas
du tout. »

On peut faire un jeu de société de cet amusement enfantin.

Tous les couples effeuillent chacun une marguerite en enlevant une feuille à leur tour de rôle.

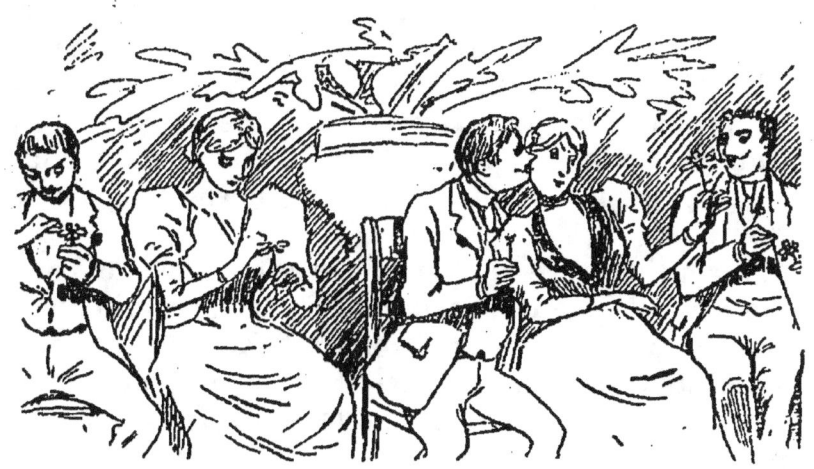

Si l'oracle répond : passionnément, ou beaucoup ; on embrasse son voisin ou sa voisine.

S'il donne d'autres réponses, celui qui a retiré la dernière feuille donne un gage.

LA CIGALE ET LES FOURMIS

Un joueur remplit le rôle de la cigale, les autres joueurs représentent les fourmis, et s'asseyent en cercle autour de la cigale.

Cette dernière inscrit en secret sur un bout de papier, le nom d'une graine qu'elle désire avoir pour nourriture, puis s'adressant aux fourmis, elle leur dit : « Mes braves amies, j'ai tant chanté cet été que je n'ai vraiment pas eu le temps de faire mes provisions d'hiver ; seriez-vous assez bonnes pour me prêter un peu de la nourriture que vous avez en magasin ? »

La première fourmi de droite répond : « Je ne puis vous donner qu'un grain de blé (ou d'orge, avoine) etc.

— Merci bien, je ne l'aime pas.

— Et vous chère amie, que me donnerez-vous ? » dit-elle en s'adressant successivement à chacun des joueurs ; les joueurs répondent en nommant une graine à leur gré, mais en n'offrant jamais une graine déjà présentée sous peine d'un gage.

Si le tour s'achève sans que personne ait nommé la graine inscrite secrètement, la cigale paye un gage et perd sa place, mais si l'une des fourmis a offert la graine préférée, la cigale répond : « J'accepte, Dieu vous le rende ! » elle montre son papier ; la fourmi paye d'un gage sa malheureuse découverte et devient cigale à son tour.

Pour continuer le jeu en le variant ; la cigale peut demander : « J'ai bien envie de danser, quelle est la danse que vous m'offrez ? » ou : « Je voudrais faire un somme ; sur quoi me coucherais-je bien ? » ou bien encore : « Je crains qu'un oiseau me dévore, dites-moi quel oiseau je crains le plus ? »

Le jeu, à chacune de ces questions, subit les mêmes alternatives que celles dont la règle vient d'être donnée.

LES MÉTIERS CHANGÉS

Chaque joueur choisit un métier qu'il doit exercer avec une personne de sexe différent ; par exemple les messieurs prendront le métier de tailleur, cordonnier, arracheur de dents, épicier... les dames, seront blanchisseuses, modistes, fleuristes, couturières, demoiselles du téléphone, etc.

Un maître dirige le jeu.

Il adopte également un métier et se tient debout au milieu du cercle.

Le maître commence à travailler et chacun accomplit la besogne caractérisant son métier ; le tout se fait dans un silence absolu, sous peine d'un gage.

Un instant après le commencement des travaux, le maître change brusquement de métier et prend celui d'un des joueurs ; ce dernier, sous peine de donner un gage, fait de suite les gestes du métier abandonné par le maître.

Les joueurs doivent prêter une attention soutenue aux différents travaux du maître, attendu que la moin-

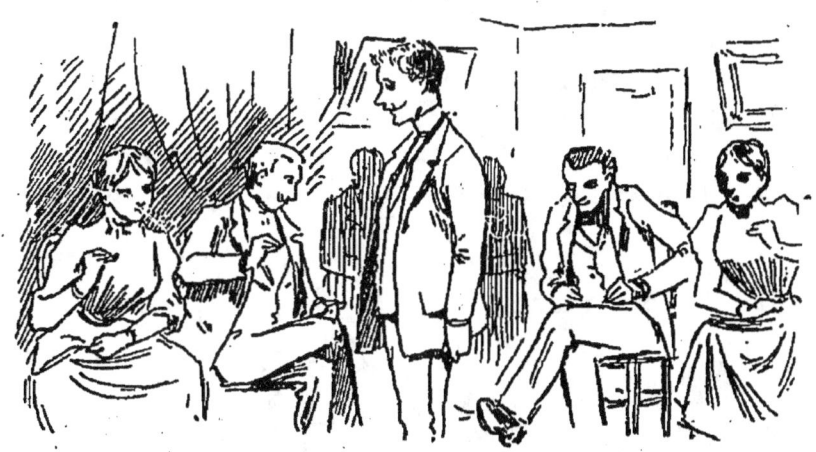

dre erreur, un seul mouvement faux, fait donner un gage.

Celui qui néglige de cesser ou de reprendre ses travaux paie également un gage.

Ce jeu comporte beaucoup de gaieté.

LE SECRÉTAIRE

Le directeur du jeu distribue à chacun des joueurs une feuille de papier ployée en deux; chaque joueur inscrit son nom en tête de sa feuille et la remet au secrétaire.

Celui-ci mêle les feuille et les distribue à chacun des joueurs qui doivent avoir la discrétion de ne montrer à personne le nom qui est en tête de leur feuille.

Chacun s'installe commodément et remplit sa feuille en écrivant ce qu'il pense de celui ou de celle dont la feuille lui est échue.

Ceci fait, le secrétaire lit chaque feuille à haute voix, et personne n'a le droit de s'approcher pour reconnaître, à l'écriture, quel est l'auteur de l'écrit.

Toute allusion peu délicate est proscrite ; les appré-
ciateurs doivent toujours rester galants, amusants et
de bonne compagnie.

Après lecture, les feuilles sont mises au feu.

Un gage est la punition du joueur qui aura manqué
de réserve.

Ce jeu peut prendre une forme différente pleine de
gaité et très plaisante, en procédant comme il suit :

Un joueur que l'on a chargé de ce rôle, prend autant de feuilles de papier qu'il y a de joueurs dans la

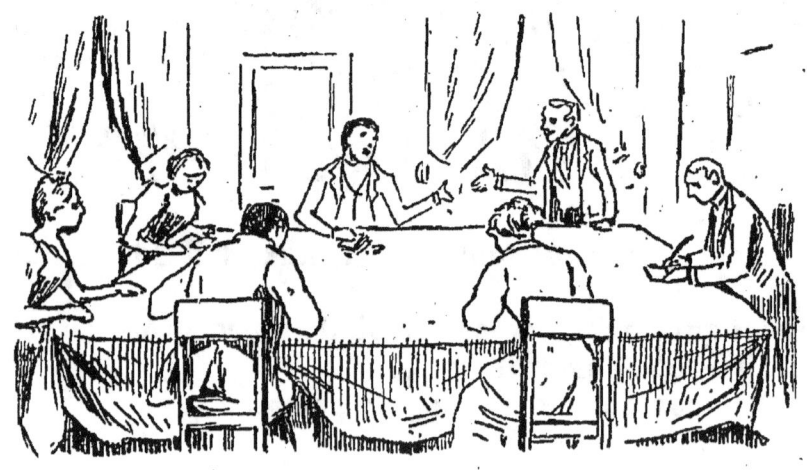

société ; il inscrit en tête de chaque feuille le nom de
famille de chacun des joueurs, puis il ploie deux fois,
de manière à cacher ce nom : au-dessous de ces plis
il inscrit ensuite le nom de chacune des dames présentes, et fait encore deux plis à la feuille.

Ces feuilles jetées dans une corbeille et bien mé-
langées sont reprises au hasard par chacun des joueurs
qui doivent écrire au-dessous du dernier pli : Se sont
rencontrés : (M. X... et Mme X...) et chacun indique
selon son bon plaisir, un lieu de rendez-vous quelconque.

Ceci fait on jette ces feuilles à la corbeille et on mé-
lange bien le tout.

Chaque joueur reprend une feuille au hasard et
écrit à la suite des plis : « M. X... a dit à Mme X... »

— et il écrit une histoire plaisante ou malicieuse. — On mêle de nouveau, et à la reprise, on écrit : — « Mme X... a répondu : ..... » enfin : — Il en est résulté... — Et chacun, bien entendu, continue l'histoire qu'il a eu dessein d'inscrire.

Tout est terminé ; le maître du jeu prend à tour de rôle chaque feuille, et lit à haute voix ce qui a été écrit, au grand plaisir de la réunion, dont les rires sont provoqués par l'imprévu et les quiproquos burlesques qui résultent de ces narrations si diversifiées par la part de malice que chaque joueur y a mis.

MA TANTE ION, OU LES MAGOTS DE LA CHINE

On forme cercle et un des joueurs se tournant vers son voisin de droite, lui dit : « Connaissez-vous ma tante Ion ? — Non ! répond ce dernier. — Eh bien, ma tante Ion fait ça. » Et le joueur prend une pose comique, on

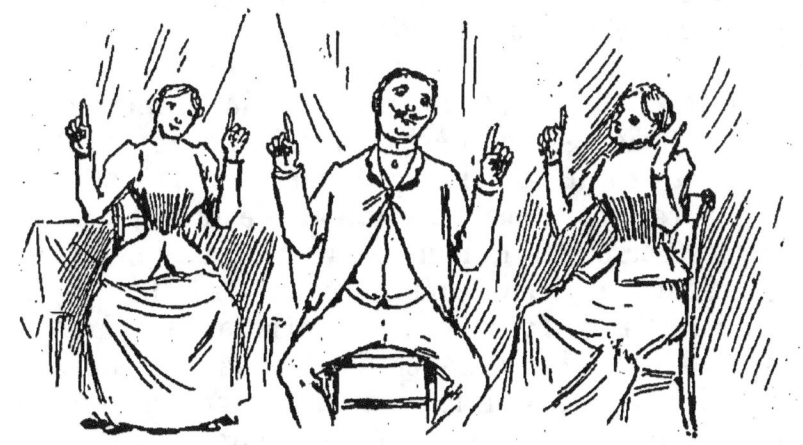

fait une grimace, ou encore un geste quelconque, portant la main à son nez et se frottant jusqu'au bas de la jambe, etc. Alors le voisin de droite, doit répéter les gestes et les grimaces dont il vient d'être témoin ; puis il interpelle le voisin, avec la même phrase en faisant un autre geste, une grimace nouvelle ; et chacun, à son tour, exécute le divertissement.

Ce spectacle peut devenir très comique.

LE MAGICIEN

Le conducteur du jeu remplit le rôle de magicien. Pour cela il s'affuble d'un costume composé avec un châle, un drap ou un manteau ; il se coiffe d'un bonnet pointu en papier, et armé d'une baguette il trace des cercles sur le parquet, prononce, en se tournant de divers côtés de la salle, des mots baroques ou inintelligibles, enfin il frappe légèrement sur l'épaule d'une des personnes formant cercle en disant : « Bâton touché ! » puis d'autres successivement, en disant toujours : « Bâton touché ! » enfin une dernière personne en laissant son bâton reposer sur l'épaule, et en disant : « Bâton posé ! »

Un aveugle choisi par le magicien est à genoux dans un coin de la salle, les yeux bandés ou le dos tourné aux personnes présentes.

L'aveugle doit aussitôt deviner le nom de la personne indiquée par le bâton, sans quoi il donne un gage et reste sur la sellette ; s'il devine, la personne devinée prend sa place et paye un gage.

Dans ce jeu il est d'usage que le magicien se procure plusieurs compères parmi les joueurs ; il envoie ces confrères les premiers sur la sellette. ceux qui restent dans la réunion s'exercent à faire causer les personnes qui ne sont pas dans le secret ; la finesse du magicien consiste à arrêter le bâton sur l'épaule de la personne qui a parlé la dernière ; ce qui sert d'indication à l'aveugle pour la nommer.

Ceux des joueurs qui ne sont pas au courant de cette malice ne parviennent que très difficilement à deviner juste, et les gages s'accumulent.

Pour se venger, il arrive que les joueurs malheureux qui ont donné beaucoup de gages, demandent à ce qu'on brûle les sorciers. Alors, si ce sont des magiciennes, elles sont condamnées à être embrassées par tous les messsieurs, et si ce sont des magiciens, on les fait chanter, déclamer ou discourir à titre de pénitence ; ce qui n'est que juste.

LE LABYRINTHE

Pour se livrer à ce jeu, tous les joueurs se prennent par la main en ayant soin que les dames se trouvent intercalées parmi les messieurs ; deux joueurs seulement, un monsieur et une dame, sont chargés l'un du rôle de tisserand, et l'autre du rôle de la navette.

La navette prend la tête et court sous une des arcades que forment les bras réunis des joueurs et sort

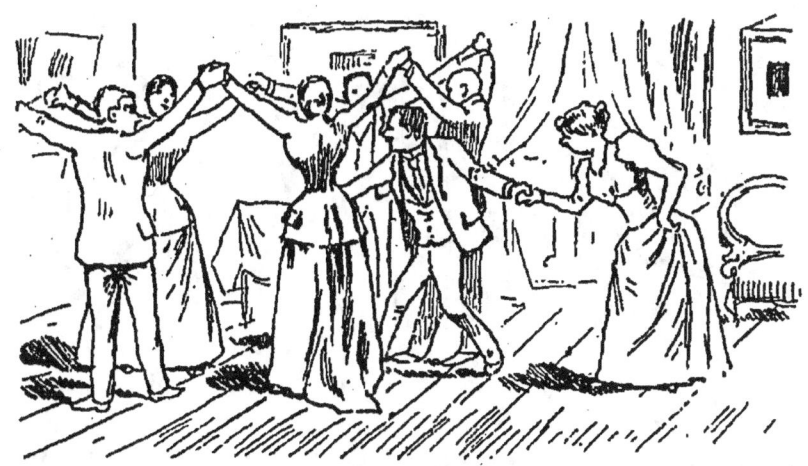

par l'arcade qui suit ; le tisserand doit exécuter bien exactement les mêmes mouvements ; tous deux entrent et sortent alternativement sous les arcades comme s'ils faisaient une trame.

Dans la presse de la poursuite, le tisserand et sa navette risquent beaucoup de se tromper d'arcade ; aussitôt que cela leur arrive, l'arcade se baisse et les fait prisonniers.

Ils sont remplacés dans leur rôle, après avoir payé un gage, par les deux joueurs qui formaient l'arcade où a eu lieu l'erreur.

Ce jeu plein de vivacité amuse tout le monde à la fois.

LA FEUILLE D'AMOUR

On distribue un jeu de cartes complet entre tous les joueurs, mais cependant de façon que chacun n'ait pas plus de deux à trois cartes, le reste du jeu se met à l'écart.

Le conducteur du jeu dit à son plus proche voisin :

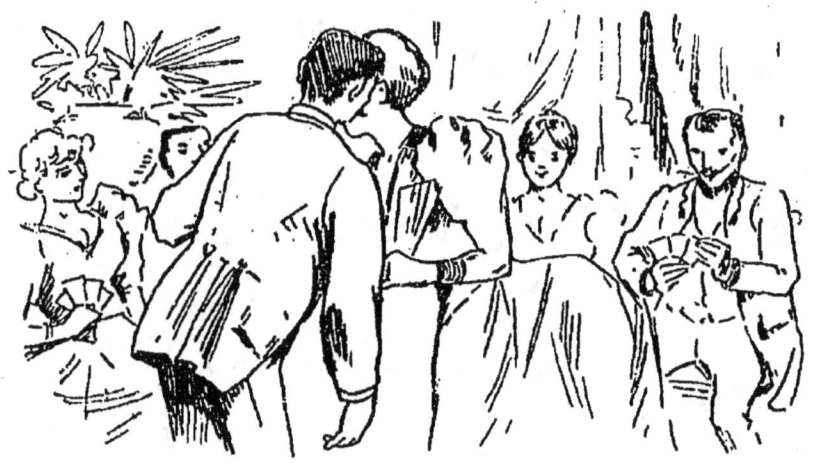

« Avez-vous vu la feuille d'amour ? » Celui-ci répond : « Oui, j'ai vu la feuille d'amour. »

Le questionneur reprend : « Comment est donc cette feuille d'amour ? »

L'interrogé nomme une carte à son choix, mais sans jamais désigner celles qu'il a en main.

La personne dont la carte vient d'être nommée remet cette carte à l'interrogateur, et si cette personne est d'un sexe différent de celle qui a nommé la carte, elle est tenue de l'embrasser.

Le jeu se continue jusqu'à l'appel de la dernière carte.

Celui qui nomme une carte déjà appelée paye un gage ; aucune erreur n'est possible, le conducteur du jeu ayant en main toutes les cartes appelées et pouvant donner à chaque instant la preuve de l'erreur commise.

On doit cacher ses cartes pour ne pas donner d'indications à ses voisins; les personnes dont les cartes sont épuisées se retirent du jeu.

METTONS LES FERS AU FEU

Celui des joueurs qui doit remplir l'office de foyer, s'assied, et les autres joueurs posent le bout de l'index

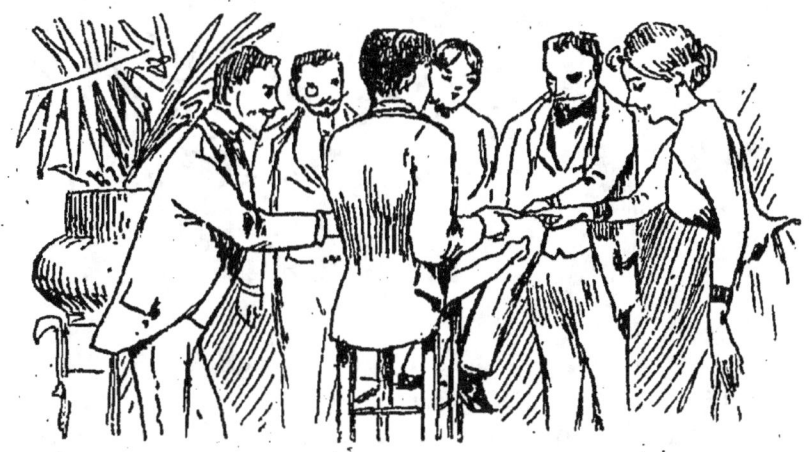

sur un de ses genoux et restent alors immobiles.

Tous disent en avançant leurs mains :

— Mettons, mettons les fers au feu.

— Qui commande? dit le foyer.

— Jean de la Grange, répondent les fers.

— Qui l'a dit?

— Jean Coupris.

— Ton doigt est pris !

Quand il prononce ces derniers mots, le foyer essaye de saisir un des doigts qui se trouvent posés sur son genou; mais comme tous les joueurs s'empressent de retirer leur main aussitôt que l'on a dit : Jean Coupris; cela lui est assez difficile.

Celui qui se laisse prendre doit un gage, et est de plus obligé de remplacer le foyer.

3

LE MÉDECIN

Un des joueurs remplit le rôle de médecin ; il s'approche d'une personne, lui tâte le pouls, l'interroge

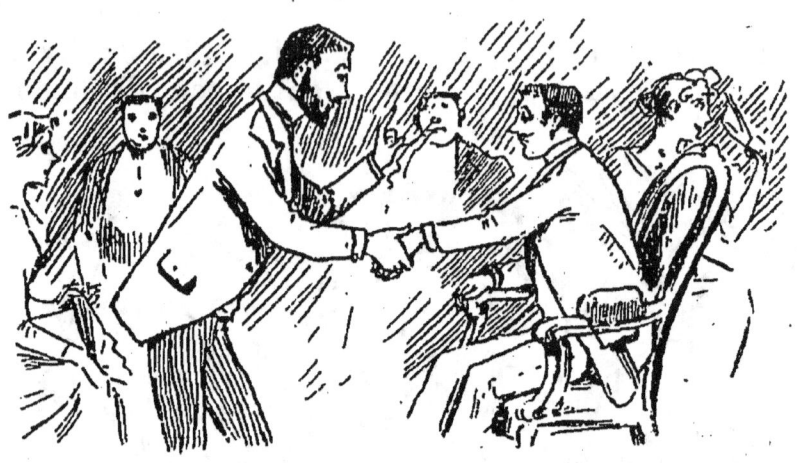

sur les malaises, les défaillances qu'elle ressent, et enfin prescrit une série de remèdes.

Cette consultation doit être comique et pleine d'incohérences afin d'exciter le rire des assistants.

Un autre joueur se lève sur la désignation du médecin, et répète mot pour mot ce que le docteur vient de prescrire.

Afin d'éviter toute contestation, le docteur peut prendre note de l'ordonnance par lui prescrite et l'opposer aux réclamants.

Bien entendu, un gage est le lot de celui qui n'a pas su retenir le diagnostic et les prescriptions du médecin.

LA CLEF DU JARDIN DU ROI

Ce jeu exige la reproduction exacte des phrases prononcées par le conducteur du jeu, sous peine de donner des gages.

On s'assied en cercle ; le conducteur du jeu tient sa chaise un peu en avant comme pour marquer l'endroit d'où partiront et ou s'arrêteront questions et réponses.

Il dit à son voisin de droite, en lui remettant en main un objet, clef, boîte, ciseaux, qui représentent la clef du Jardin du Roi : « Je vous vends la clef du Jardin du Roi, » et chacun son tour répète cette phrase.

Au deuxième tour il dit : « Je vous vends la corde qui tient la clef du... » Au troisième tour : « Je vous vends le rat qui a rongé la corde qui tient la clef... » enfin : « Le chat qui a mangé le rat, le chien qui a mangé le chat », et en rendant successivement la phrase la plus longue possible, ou en l'abrégeant à volonté, selon qu'il tient à assurer plus ou moins de gages.

LA MOURRE

Deux joueurs se placent en face l'un de l'autre, ils lèvent les poings à la hauteur de leurs yeux, chacun cherchant à deviner la pensée de son adversaire ; puis,

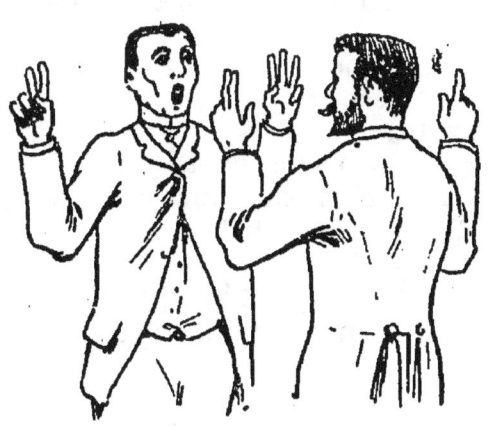

brusquement. ils lèvent ensemble, un ou plusieurs doigts d'une seule de leurs mains et crient un nombre quelconque qui ne peut dépasser dix.

Le gagnant est celui dont le chiffre crié par lui est équivalent au nombre de doigts levés des deux côtés.

LES MÉTIERS CONTRARIÉS

Le maître fait ranger en cercle autour de lui les autres joueurs qui ont chacun choisi un métier.

Tous se mettent au travail, faisant des gestes qui

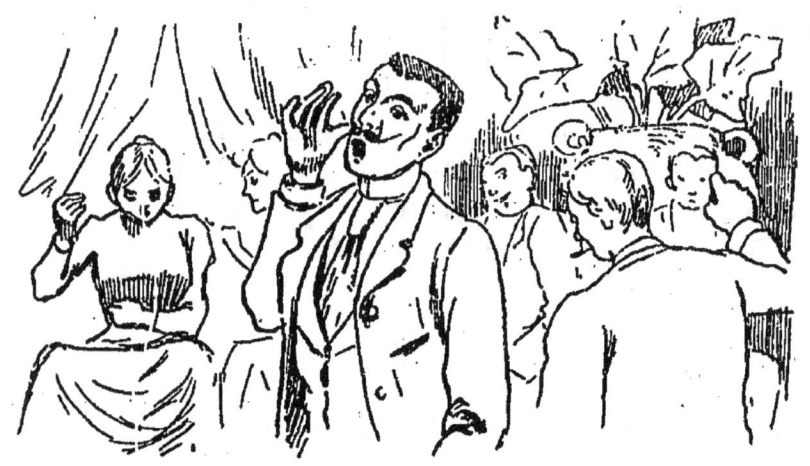

sont l'imitation de ceux nécessités pour le métier adopté; le maître entonne le refrain suivant ;

> Quand Margoton va seulette,
> Elle ne m'écoute plus,
> Et la petite fillette
> Se rit de ma chansonnette ;
> Tous mes soins sont superflus
> Rlututu ! Rlututu !

Ce refrain s'accompagne d'un geste particulier fait par le maître ; il appuie le pouce droit sur sa joue en agitant la main.

Cela s'appelle faire « Rlututu ».

Lorsque son chant est fini, il imite le métier d'un des joueurs ; aussitôt celui-ci cesse son travail et fait de suite « Rlututu », chaque joueur dont le métier est ainsi imité, fait « Rlututu » et le jeu se continue ainsi jusqu'à la fin.

Ce jeu doit être mené très rapidement, en s'efforçant

de faire punir les joueurs distraits, car chaque erreur coûte un gage.

LE PIED DE BOEUF

Ce jeu est un des plus anciennement connus; des générations d'enfants l'ont égayé de leurs rires joyeux.

Un joueur s'assied, et les autres assistants viennent à tour de rôle poser une main à plat sur la sienne qu'il a placée sur son genou.

Ceci fait, celui qui a sa main en dessous de toutes

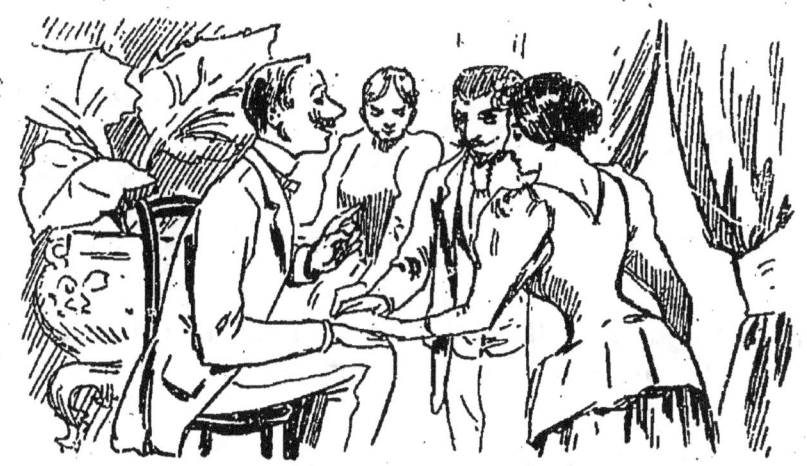

les autres, la retire et la place au-dessus, en disant : 1 celui qui vient en dessous fait de même en disant : 2, et ainsi de suite jusqu'à 9 ; à ce chiffre, tous les joueurs retirent vivement leur main, et celui qui a la sienne placée la dernière en dessous au moment où le chiffre 9 est prononcé cherche à saisir une des mains qui s'enfuient pour faire donner un gage par le joueur saisi.

CHASSE AUX COEURS

Ce jeu s'exécute de plusieurs façons différentes; tantôt dans un jardin, où l'on trace sur le sable des dessins aussi nombreux que les joueurs et représentant un cœur; tantôt dans un salon, autour d'une table, où les cœurs sont dessinés à la craie; enfin, on peut dessiner ces cœurs sur une planche ou sur un mur à une hauteur telle qu'il soit sinon impossible du moins assez difficile d'y atteindre en sautant.

Les joueurs se prennent par la main, et exécutent une promenade en chantant une chanson à la mode; arrivés au refrain, chacun en passant, cherche à effacer un cœur et à déposer à sa place un objet lui appartenant et devant constituer une marque spéciale; et cela sans rompre la chaîne, perdre sa place, ni cesser de chanter.

Les joueurs qui n'ont pas réussi à effacer un cœur sont punis d'un gage.

PIGEON VOLE

Un des joueurs lève le doigt en disant : « Pigeon vole! » il remplace ensuite ce nom par celui d'un autre

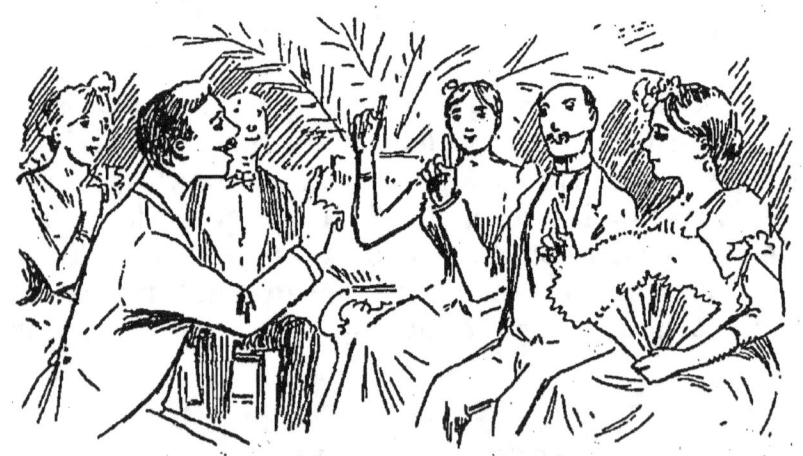

oiseau; puis enfin, au moment qu'il croit le plus opportun, il dit, par exemple : « Chien vole! » Chacun des joueurs doit lever rapidement son doigt à chaque appel d'un volatile mais se réserver et ne pas bouger lorsque la malice du joueur lui suggère de nonimer un animal incapable de voler; le tout sous peine d'un gage à chaque erreur.

LE PONT-LEVIS

Un monsieur et une dame sont désignés pour faire le « Pont-levis ».

Le couple se place au milieu de la pièce où l'on joue et se tenant par les mains, chacun élève ses bras pour former un arc.

Les autres joueurs se tenant également par la main,

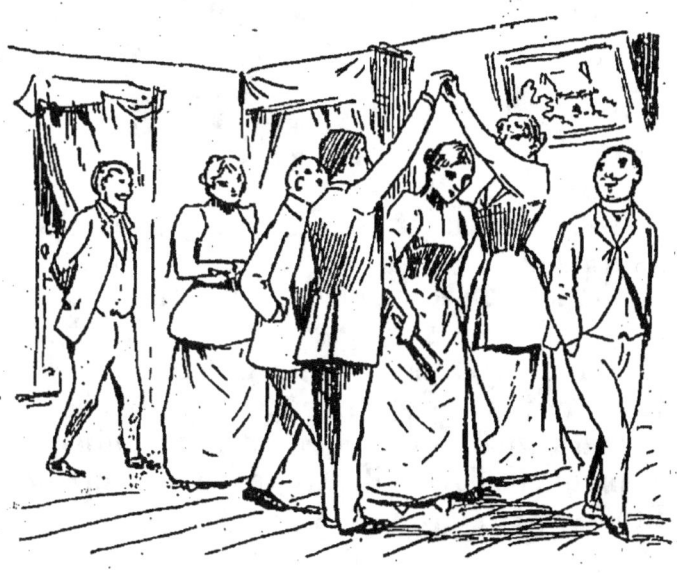

ét formant une longue file, viennent passer sous cet arc ; quand toute la bande joyeuse a passé, la tête repasse encore, et toujours, jusqu'au moment ou le « Pont-levis » s'abaisse vivement, cherchant à capturer un prisonier qui devra payer d'un gage sa capture.

Chaque personne capturée se retire du jeu.

Les personnes faisant office de « Pont-levis » sont choisies parmi celles qui ont réussi à ne pas être faits prisonniers.

PINCE-MINETTE

On choisit deux patients de caractère pacifique, et on convient que chacun d'eux pincera les différentes parties du visage de chacun d'eux, cela en se regardant

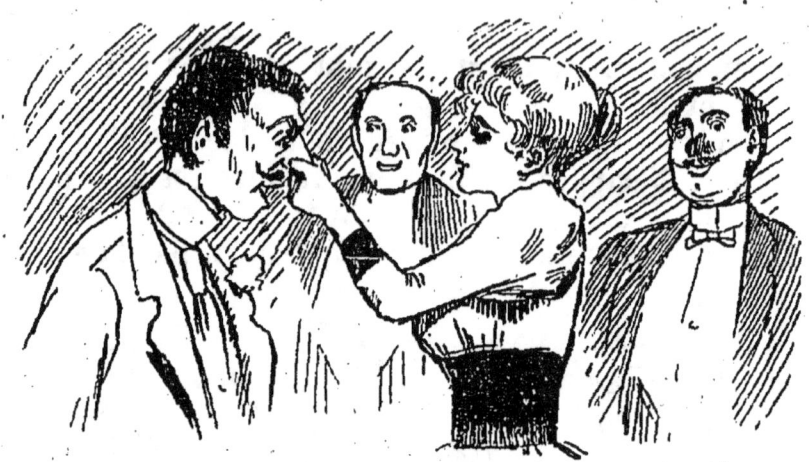

dans les yeux et tenant leur sérieux, sans rire; sous peine d'un gage.

Préalablement on a suggéré à chacun d'eux en particulier de noircir ses doigts avec un bouchon brûlé pour faire une mystification au confrère.

La gaieté du jeu devient extrême lorsque l'on voit les deux joueurs victimes prêtant d'autant plus à rire qu'ils se moquent l'un de l'autre, chacun d'eux croyant avoir dupé son camarade.

HOMONYMES

Il s'agit dans ce jeu de deviner un mot ayant plusieurs homonymes.

Un des joueurs se retire un instant à l'écart, les joueurs choisissent un mot se prêtant à ce jeu, et aussitôt de retour, l'interrogateur demande à une personne : — Comment l'aimez-vous? On répond en appliquant la réponse au sens fourni par un des homonymes du mot choisi, et on s'applique à dérouter autant que possible le joueur qui interroge.

Celui-ci pose une deuxième question : — Qu'en faites-vous? on répond dans le même sens que la première fois, toujours en indiquant un sens le plus caché possible et fourni par l'homonyme.

Enfin, la troisième question posée est celle-ci : — Où

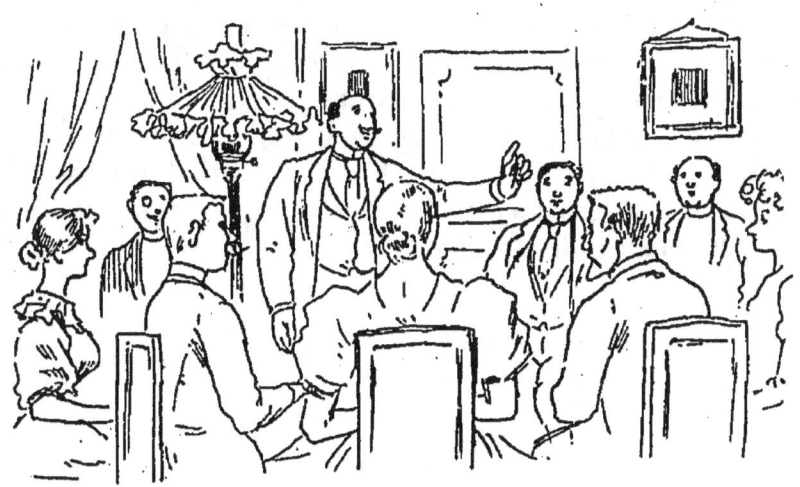

le placez-vous? La réponse est faite dans le même sens que nous venons d'indiquer.

Ainsi par exemple ; le mot saint a été choisi.

On a demandé : — Comment l'aimez-vous? Réponse : Défunt, pour être plus certain de sa valeur! (saint.) ou, à Rome, (Saint-Père.) ou bien encore, de grande fraîcheur, (sain). — Qu'en faites-vous ? — Demandez cela à bébé, il vous répondra : (sein.) ou bien : Cela m'entoure la taille, (ceint). — Où le placez-vous ? — Au bas d'un écrit notarié, (seing.) ou le cinquième dans un bouton à quatre trous (cinq.) etc.

Ce que l'on doit éviter avec soin c'est de donner une réponse trop indicative qui puisse mettre l'interrogateur sur la voie.

Si le questionneur devine, il indique la personne dont la réponse a été suggestive, et cette personne prend sa place pour trouver un autre mot après avoir donné un gage.

LES CHANSONS

On a parfois recours aux chansons comme jeu : elles peuvent également s'appliquer aux pénitences ; mais doivent seuls être chargés de ceci, ceux qui savent chanter agréablement ; sans cela, dans le dernier cas surtout, la pénitence pourrait sembler avoir été infligée à ceux qui ne l'avaient nullement méritée.

Ceux des joueurs qui refusent de chanter ou dont la suavité d'organe n'atteindrait pas un haut relief, sont condamnés à payer un nombre de gages qui sera fixé par l'ensemble de la réunion.

PÉNITENCES

PÉNITENCES

Les pénitences sont le corollaire de tous les jeux de société, et le principal but auquel ils tendent. Quelle joie de voir la multiplication des gages, source de nouveaux plaisirs !

A la fin de chaque soirée on remplit un chapeau, une boîte, un sac, de tous les gages donnés; ces gages consistent en objet de toute nature, tels que mouchoirs, bagues, couteaux, porte-monnaie ou petits carrés de carton sur lesquels chaque pénitent a écrit son nom.

Une personne choisie pour ce rôle, les tire au hasard, et demande successivement à chaque joueur : « Quelle pénitence infligez-vous au gage touché ? » On indique trois pénitences dont une est choisie par la personne à qui appartient le gage que le sort a désigné; or il arrive quelquefois que la pénitence a été indiquée par celui-là même qui doit la subir !

Quand le pénitent a satisfait à ce qui lui a été ordonné on lui rend son gage et on continue ainsi jusqu'à l'entière revision de tous les gages.

Ces pénitences ne doivent être jamais que des actes inspirés par le bon goût, la bienséance, sans cependant, absolument interdire les douces privautés permises, ni surtout la gaieté, qui doit toujours être le joyeux assaisonnement de tous les jeux de société : tantôt c'est la prononciation de quelque phrase insignifiante, banale ou cocasse qui devient sujet de rire quand elle est appliquée à une personne sérieuse, ou bien encore, ce sont des vers, un sonnet, une charade, un croquis, un air de musique, un discours comique, etc., qui sont imposés.

Nous allons présenter maintenant aux lecteurs quelques indications parmi les plus usuelles pour les mettre sur la voie usitée en ces circonstances.

L'ANE SAVANT

Celui qui a ordonné la pénitence de l'âne, se réserve d'être le maître, conducteur de l'animal, ou bien il charge de ce soin une autre personne qui paraît avoir du talent pour cet emploi. L'âne savant est toujours

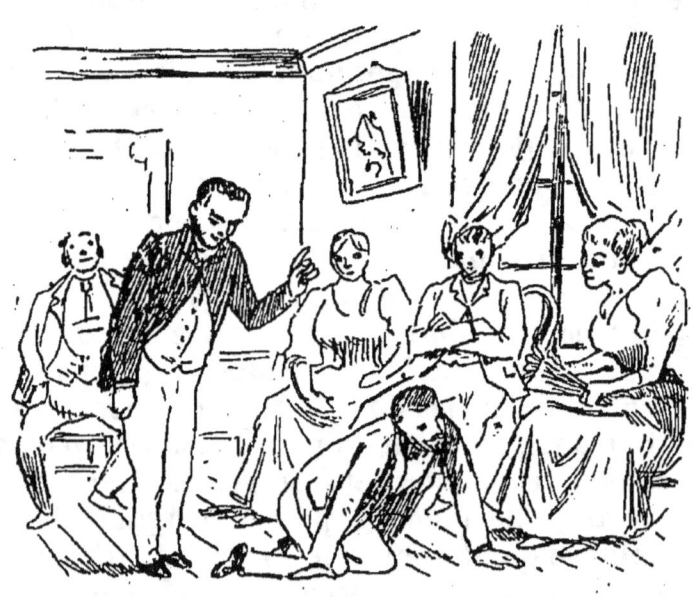

un monsieur, bien entendu ! il se met à quatre pattes, en prenant, autant qu'il peut, des attitudes naturelles ; et alors son maître dit avec une emphase de circonstance : — Mesdames, messieurs, voici un âne savant, qui mérite d'entrer à l'Académie, vous devez le considérer avec respect car il connaît tous les secrets des cœurs ! Vous allez voir sa science ; allons, mon cher savant, sautez pour la réunion, faites entendre vos

doux accords... Alors le malheureux patient doit s'exécuter et faire ce qui lui est indiqué par le maître, il
brait, il rue et tâche de rendre son modèle aussi
réussi qu'il peut.

Le maître continue son boniment, et dit : — Voici
l'instant de nous prouver que vos parchemins univer-
sitaires vous appartiennent bien ! Regardez autour de
vous, et dites-nous quelle est celle de ces dames qui
est la plus coquette !

Alors, l'âne fait à quatre pattes, le tour de la société,
en examinant attentivement ; il flaire, prend un air
malicieux ou même spirituel, pour faire honneur à la
corporation qu'il représente, puis il hoche plaisamment la tête devant la dame qu'il a choisie, ce qui provoque un rire infaillible.

Le maître demande successivement quelle est la plus
volage, la plus gourmande, la plus charmante, la plus
espiègle, la plus sensible, celle qui a le cœur moins
dur, plus constant, plus aimant, etc., etc., et l'âne continue ses découvertes.

Si la question est délicate, et met le pauvre âne dans
un grand embarras pour le choix de la personne ;
ainsi, à cette question : « Quelle est la plus malfaisante,
la plus méchante? » l'âne, né malin, de crainte de
s'attirer une fâcherie, prend le parti, après quelques
tours qui montrent son indécision, de revenir vers son
maître en branlant négativement la tête, et en répon-
dant par des ruades aux ordres réitérés de celui-ci ;
on a pitié de lui, et alors d'un commun accord, cesse
la pénitence ; car il aura prouvé une fois de plus que
quelques fois les ânes ont de l'esprit.

LE FACTEUR

Le pénitent à qui on a ordonné de faire le facteur,
réunit dans un chapeau, une boîte, un coffret, ou le
pan de son habit, dans le coin de son vêtement, châle
ou robe, des morceaux de papier ou même des lettres.

Il se tient debout et s'adressant à la personne la plus rapprochée de lui, à sa droite, il lui présente un des papiers en disant : « Lettre de telle ville, voici un poulet à votre adresse ; » et il donne quelques détails relatifs aux relations de parenté, d'amitié, qu'il peut connaître, concernant le joueur.

La personne à qui est remise la lettre demande au facteur combien coûte le port, et le facteur fixe la taxe à volonté : trois, cinq, huit, dix, quinze sous, autant de sous, autant de baisers sur la main ou sur les joues ; sur celles-ci de préférence.

Mais la personne peut refuser la lettre et la laisser à la poste si elle trouve le port trop élevé ; elle dénote ainsi qu'elle n'en veut point, et le facteur n'a qu'à se retirer ; c'est une leçon pour les facteurs ambitieux qui veulent abuser de leur fonction, et qui ne savent pas se contenter de trois ou quatre sous, ce que l'on ne peut guère refuser sous peine de paraître trop économe ; très souvent même ce prix modeste engage bien vite à accepter la lettre et à payer comptant le pauvre facteur qui bénit le ciel de lui avoir fait obtenir une si belle place !

L'administration ne reçoit que des facteurs, et les lettres sont toujours adressées aux dames, le lecteur comprendra sans peine la sagesse de cette organisation.

Si cependant le sort désignait une dame pour cet emploi (ce qui existe du reste aux postes actuelles), dans ce cas, les messieurs reçoivent seuls les lettres, et comme par générosité naturelle, la factrice dira presque toujours que la lettre est affranchie ou ne coûte qu'un sou, les destinataires de la lettre seront tenus de lutter de générosité et de payer le plus largement possible le malheureux facteur ; il est inutile du reste d'insister davantage, nous connaissons le cœur large de nos lecteurs.

Le facteur à qui on a refusé une lettre, donne un gage qui s'ajoutera à ceux qu'il doit déjà ; la factrice au contraire a le droit d'exiger un gage des joueurs qui

veulent payer le port plus que de raison. Cette pénitence amuse beaucoup pendant trois ou quatre tours
où chacun doit remplir la charge de facteur, et il
fournit un supplément de gages... de bonne amitié.

LE GARNISAIRE

Les messieurs seuls sont passibles de cette pénitence.
Chacun sait que le garnisaire est un individu qui
est envoyé chez les contribuables qui refusent de payer
leurs impôts directs. Le joueur qui a été choisi pour
remplir le rôle de garnisaire, prend une canne ou

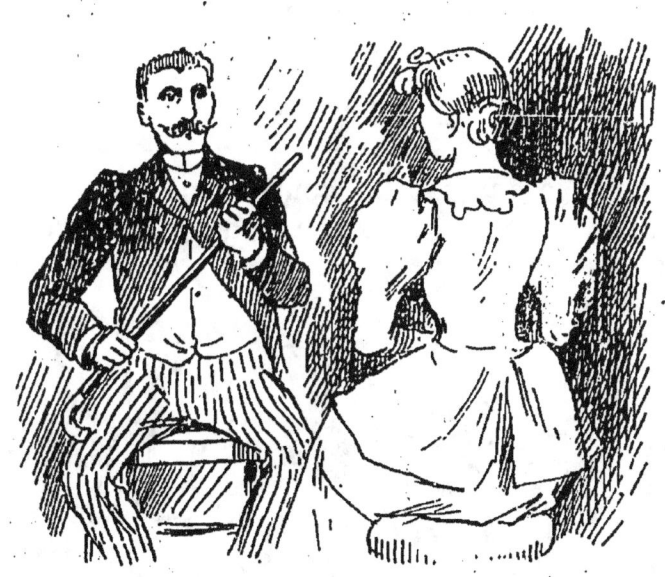

un parapluie qui doivent lui servir de fusil ; il s'approche
d'une dame, et lui dit : — Je m'établis garnisaire chez
vous. La dame répond : — Si je vous donnais une
compensation, partiriez-vous ? — C'est selon, quelle
est votre offre ? répond le garnisaire.
Alors la dame entre en marché, elle lui offre
plaisamment, en s'efforçant de faire allusion aux
habitudes ou aux qualités du garnisaire, un tambour
de basque, s'il est musicien ; un rond de cuir s'il est

bureaucrate; un bon dîner s'il a la réputation d'être gourmand, une muselière, s'il est méchant, etc.; à toutes ces réponses qu'il n'accepte pas le garnisaire dit: «Je reste», et il ne s'en va que lorsqu'il a eu l'offre d'un baiser qu'il n'a garde de refuser.

On peut transformer cette pénitence de la manière suivante. On tire au sort le nom d'un joueur ayant des gages à payer, celui-ci se présente devant chaque dame successivement; chacune de ces dames lui fait trois offres:

S'il n'accepte pas la troisième offre, quelle qu'elle soit, il doit payer un gage qui s'ajoutera à ceux qu'il a déjà donnés; mais à ce prix, il peut refuser d'accepter tant qu'on ne lui a pas offert un baiser.

LA PLANCHE

Debout et le dos tourné contre une porte ou un panneau de la salle où l'on se trouve, celui qui paye un gage appelle à haute voix une dame à son choix;

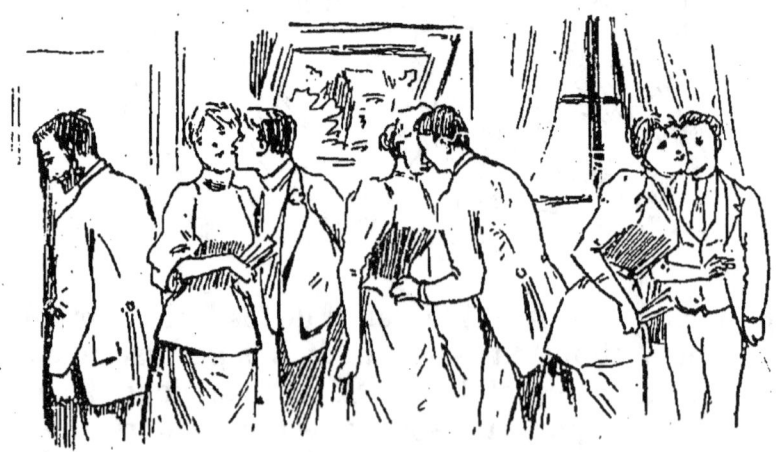

cette dame se lève et vient se placer près du patient; cette dernière appelle une autre personne qui vient se placer dos à dos avec elle, et ainsi de suite successivement pour tous les joueurs.

Lorsque toute la réunion est rangée sur une même ligne, le distributeur des gages donne un signal en frappant dans ses mains ; chacun fait volte-face et embrasse la personne qui se trouve devant lui ; il en résulte des quiproquos amusants ; des messieurs se trouvent en face l'un de l'autre, des dames pareillement ; enfin le patient, qui est lui aussi obligé de faire volte face, se trouve devant la porte qu'il est tenu d'embrasser, à son grand déplaisir.

LE CHEVALIER DE LA TRISTE FIGURE,
OU LE VOYAGE A CORINTHE

Cette pénitence est une de celles qui déplaisent le plus à ceux qui ont à payer un gage.

Le malheureux Chevalier, pour payer son gage, est obligé de prendre de la main droite ; une bougie allu-

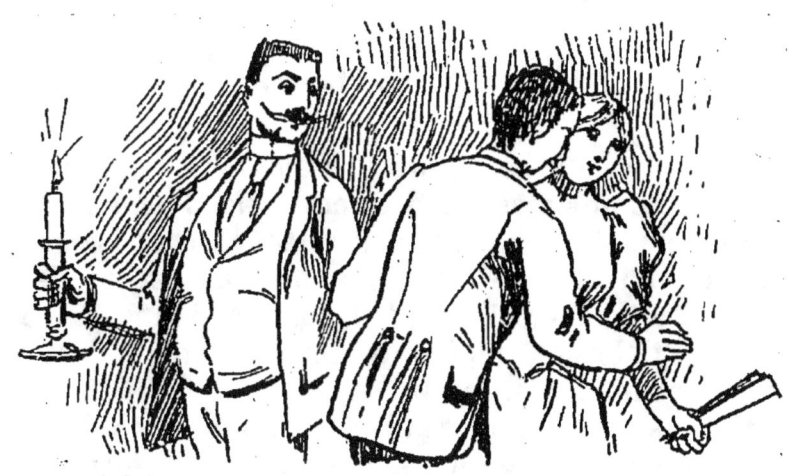

mée, de la gauche, il tient un mouchoir à l'aide duquel le directeur de la pénitence le conduit autour du cercle et l'arrête devant les dames ; le directeur embrasse les dames et avec le mouchoir essuie piteusement la bouche du chevalier qui mérite ainsi le surnom qui lui a été donné.

LES COMPARAISONS

Il est nécessaire pour que le gage soit acquitté, que la personne qui doit expier son gage, se compare elle-même à quelqu'un ou à quelque chose, ou compare une autre personne de la réunion, à son choix ; même plusieurs personnes, ou tous les joueurs ; lorsque la comparaison est fausse au trop peu vraisemblable, on donne un nouveau gage loin d'être débarrassé de l'ancien.

Ainsi un jeune homme comparera une dame à un camélia « beauté sans odeur », à une violette « modestie et parfum », à un chat « qui griffe si on le taquine » ; il se comparera lui-même au lierre « qui meurt où il s'attache », ou à l'amadou « qui brûle en silence », etc.

LES EMBLÈMES

Cette pénitence a beaucoup d'analogie avec la précédente, les emblèmes s'ordonnent collectivement ou individuellement ; chacun à son tour, propose un emblème pour chaque personne présente et se débarrasse d'un gage, s'il réussit, ou en donne un à nouveau, s'il hésite, répète ou propose un emblème qui n'ait aucune signification.

Comme exemple, on prendra pour emblème d'une demoiselle : « une rose sans épines », « une liqueur de haute marque qui plaît jusqu'à l'ivresse », un soleil... « qui reluit pour tout le monde », ou, comme moquerie : une scie « bien utile, mais agaçante », un perroquet « agréable, mais bavard », etc.

LA TENTATION DE SAINT ANTOINE.

On fait choix d'un des gages qui par suite des circonstances ont mérité une pénitence exemplaire, car
le patient dans le cas présent, ne sera pas sur un lit
de roses.

Saint Antoine se crée un désert dans un coin du

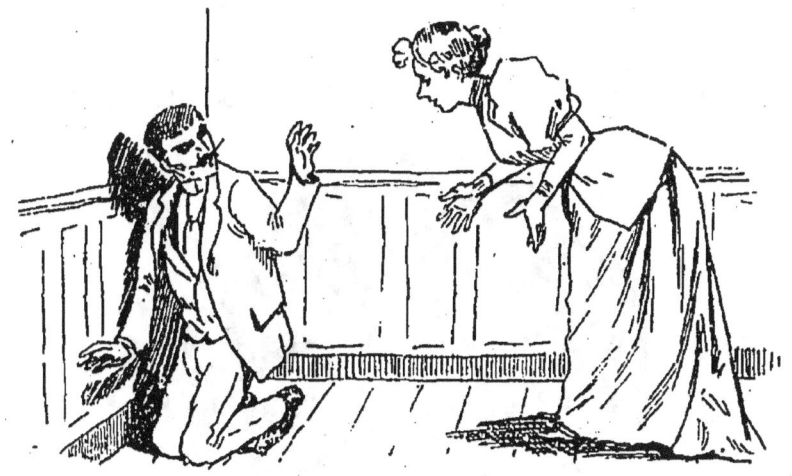

salon, il y prend une attitude d'humble méditation et
de modestie craintive car la tentation s'approche.

Alors une dame vient et lui tend sa main à baiser,
Saint Antoine plein de confusion lui dit : « Retire-toi,
Satan ! » Le joli Satan obéit, se retire, un autre démon
lui succède, et pour faire progresser la tentation lui
rappelle que c'est sa fête à elle, et qu'elle lui permet
de l'embrasser sur la joue ; même refus du malheureux
Bienheureux ! d'autres dames ou demoiselles passent
près de lui en disant: » Ce jeune homme me plaît
beaucoup, il n'aurait qu'à dire oui, et je lui permettrais
de me demander en mariage, etc., » toujours même
réponse désolante.

Enfin quand le supplice a assez duré, et que l'on a
pris pitié de la peine du patient, une dame désignée
précédemment et en secret par tous les joueurs dit

très haut : « Pénitence est levée ! » et alors saint Antoine ne se le fait pas dire deux fois pour embrasser la personne qui le lutine en ce moment et qui ne croyait pas se trouver en si grand danger; ce qui augmente le rire des assistants.

Cette pénitence ne s'applique qu'aux messieurs.

LE BAISER A LA CAPUCINE

La personne qui est soumise à cette pénitence choisit un compagnon ou une compagne, puis le

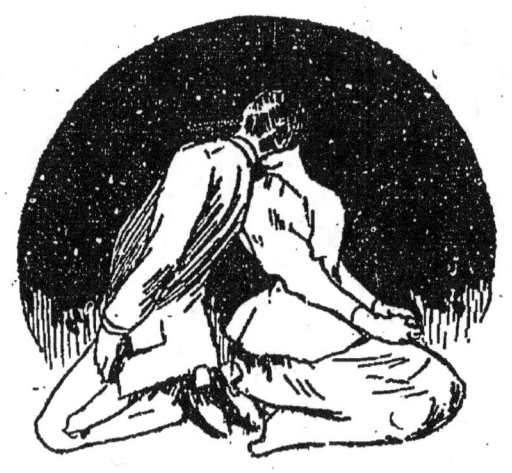

couple s'agenouille dos à dos et cherche à s'embrasser en penchant chacun sa tête en arrière.

LE SOURD

Le patient qui doit reprendre son gage se place au milieu du cercle et répond pendant trois fois: « Je n'entends pas, je suis sourd, » et à la quatrième fois: « J'entends », à toutes les questions qui lui seront posées. L'amertume de sa position sera doublée par la malice qu'y mettront les joueurs. Si un monsieur est au poteau d'exécution, une dame s'approchera et lui dira:

« Voulez-vous m'embrasser ? » deux personnes feront
malicieusement la même demande, et le pauvre devra
arguer de sa surdité irrémédiable, mais à la quatrième
fois, quand ses oreilles reprendront leur fonctionnement,
on lui proposera de conduire une dame à un monsieur
qui l'embrassera ; ou bien il recevra l'ordre d'embrasser
la muraille, de faire une grimace, de dire un madrigal
quelconque, et il devra s'exécuter.

L'AVEUGLE

Même jeu qu'à la précédente pénitence ; seulement
le sourd devient aveugle ; il répond trois fois aux trois
premières questions : « Je suis aveugle, je ne vois rien »
puis enfin à la quatrième fois : « Je vois » ; on présente
d'abord à sa vue, une fleur, un joli ruban, une main
qu'il serait bien tenté de presser dans les siennes, et
à la quatrième série il voit le baiser qu'une dame
accorde à son voisin.

LE PÈLERINAGE

L'ordonnateur des gages prend par la main une
dame qui a un gage à payer, et la promène par la
société en disant : — Un petit morceau de pain pour
moi ; on lui répond : — Dieu vous assiste ! — Un
baiser pour la pèlerine ! Et, cela va sans dire, on ne
refuse jamais, la charité étant une vertu de tout le
monde ; puis s'adressant aux dames il dit : — Un petit
morceau de pain pour ma sœur. — Dieu l'assiste ! —Un
gros baiser pour moi. — Et selon que le cœur dit
d'être charitable, on l'accorde ou l'on répond par la
phrase ci-dessus : « Dieu vous assiste ! » qui est un
bien faible encouragement au mal qu'il se donne.

LE TESTAMENT

On fait faire son testament au patient.

On lui pose alors trois fois cette question, en tenant devant soi un journal ouvert ou un mouchoir pour cacher à sa vue les signes que l'on fait : « A qui donnez-

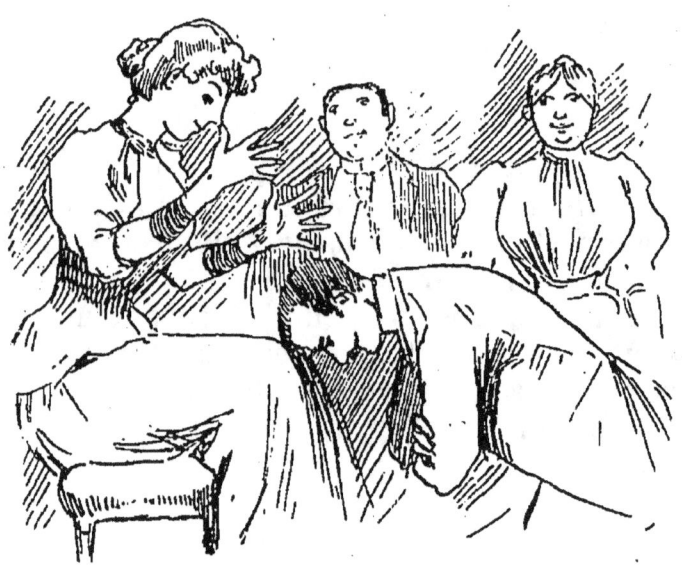

vous ça ? » — On accompagne en secret cette phrase du signe d'un baiser, un soufflet, un pied de nez, etc, et quand le pénitent se lève pour obéir, il est tenu de donner à la personne par lui désignée, le legs qu'il lui a fait.

DIRE SON PÉCHÉ MIGNON

Le conducteur du jeu vous envoie une personne vous demander quel est le péché dont vous savez le moins vous défendre ; après votre aveu fait tout bas à l'oreille de l'envoyé, le conducteur charge aussitôt cette personne de porter cette confidence à un autre

joueur, à son choix; on envoie les messieurs aux dames
et les dames aux messieurs, d'où résulte souvent de
l'embarras pour le pénitent et des rires joyeux pour
les assistants auxquels on n'est jamais tenu de garder
le secret.

ÊTRE A LA DISCRÉTION

Être à la discrétion, consiste à devenir pour quelques
instants l'esclave de toute la société: on est donc
obligé de faire et exécuter tout ce qui vous est ordonné,
sans discussion ni réserves.

LE BAISER DE LIÈVRE

On fait deux nœuds à une petite ficelle ou faveur, à
environ 10 centimètres l'un de l'autre; deux personnes
dont on connaît l'inclination l'une pour l'autre mettent

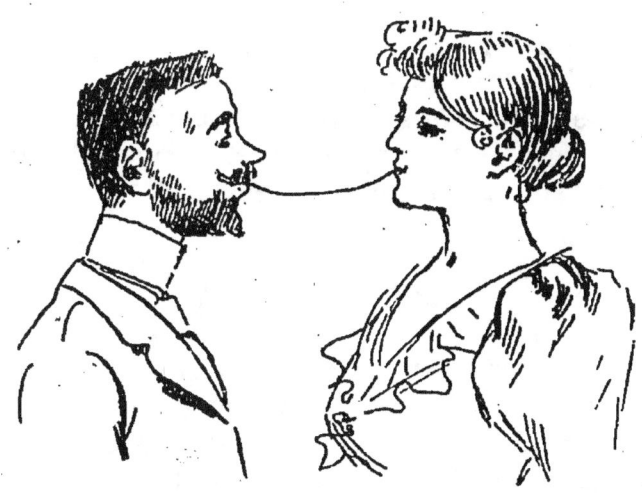

entre leurs dents les bouts de ce ruban et les mâchoires
aidant, il disparaît peu à peu dans leur bouche; le
premier qui a pu saisir un nœud avec ses lèvres,

embrasse l'autre, et est déclaré le plus aimant ou celui
qui a l'amitié la plus vive !

LE BAISER A LA PINCETTE

Jeu pour rire, dans lequel il est convenu qu'un des

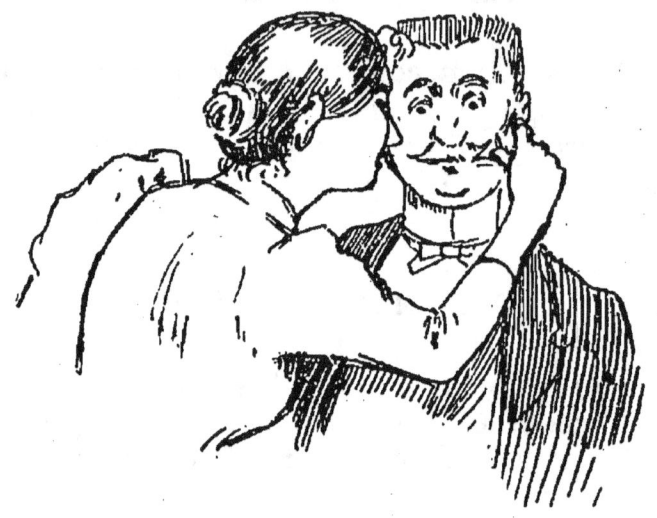

joueurs embrassera tous les autres en leur prenant les
joues entre le pouce et l'index.

La malice du jeu consiste à se noircir secrètement les
doigts avec un bouchon brûlé et à opérer sur une
victime que l'on a choisie à l'avance.

ÊTRE EN ENFER

Le pénitent, les yeux bandés, se dresse le long d'un
mur, contre lequel il appuie son visage ; les messieurs,
après avoir prié les dames et obtenu leur assentiment,
viennent derrière lui et s'embrassent assez bruyam-
ment ; le patient entend le bruit des baisers, et doit
deviner les noms des deux personnes qui viennent de
s'embrasser. S'il réussit, son gage lui est rendu et il
recouvre la vue.

ÊTRE EN PURGATOIRE

Dans l'accomplissement de cette pénitence, le patient est un peu mieux partagé. Il se bouche les oreilles, se place dans un coin et regarde attentivement les joueurs qui se font des confidences à voix basse; leur physionomie doit exprimer quelque chose du sujet de leur conversation; le pénitent essaye de deviner le sujet de ces conversations pour recouvrer son gage. De cette pénitence on peut facilement faire un jeu.

Les joueurs doivent se prêter un peu à ce que le premier patient puisse reconquérir le gage qu'il a donné; c'est le moment de se rappeler que le purgatoire n'est qu'un lieu de passage et qu'il faut exercer la charité envers son semblable pour ne pas courir le risque de faire soit même un stage dans ce lieu peu enviable.

CHAINE D'AMOUR

Cette pénitence est très gracieuse.

On découpe une carte ou un morceau de papier fort de manière à former une chaîne ou une suite d'anneaux assez grande pour envelopper deux personnes.

Le pénitent invite une dame à entrer dans cette chaîne avec lui, et après permission, lui donne un baiser.

Cette pénitence ne peut servir qu'à payer un seul gage, sans quoi on serait tenté de l'employer plus souvent que de raison.

LES AUNES D'AMOUR

Un monsieur est chargé du rôle de calicot de Messire Cupidon et doit mesurer tant d'aunes d'amour. Après avoir pris les deux mains d'une dame, il

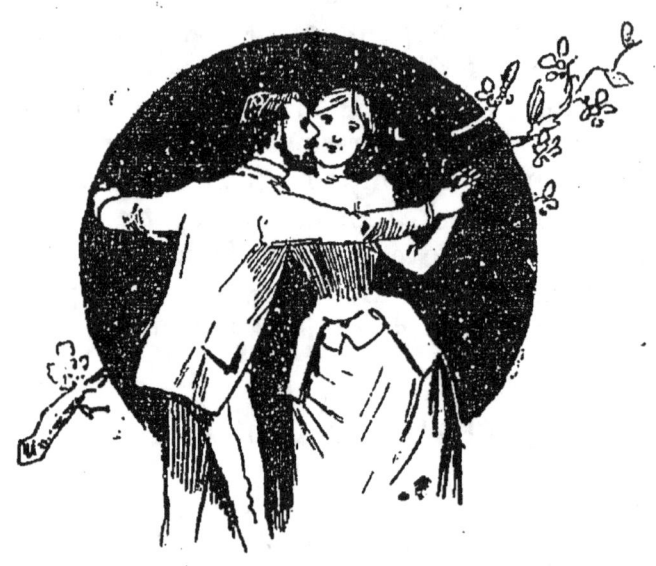

écarte ses bras comme pour auner de l'étoffe et profite de la superbe occasion pour prendre un baiser.

On prétend qu'à ce jeu les crises commerciales sont très rares grâce à l'activité des commerçants.

LA FRANCHISE

Cette pénitence consiste à dire d'une personne de la société désignée, ce que l'on pense d'elle en bien ou en mal.

La franchise est une qualité, mais il faut se souvenir que le tact et la prudence ne sont pas quantités négligeables.

EMBRASSER LE CHANDELIER

Lorsqu'on est rompu à toutes les malices du jeu on conquiert le gage que l'on avait dû donner, en exécutant cette pénitence de la manière suivante.

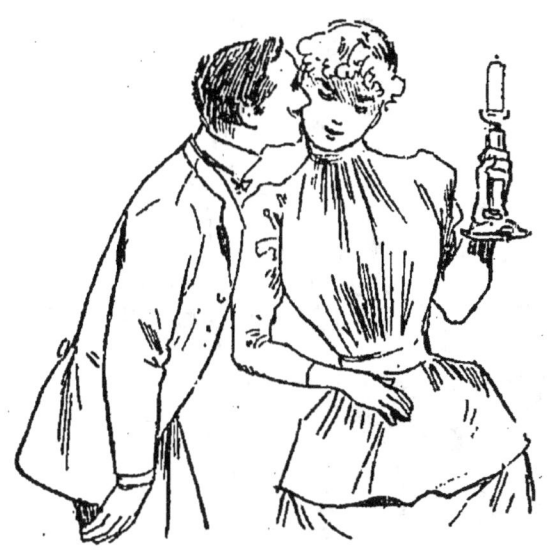

On prie une dame d'avoir l'extrême complaisance de tenir un instant en l'air une bougie allumée; et on embrasse gaiement la dame transformée en chandelier.

FAIRE LE PIED DE GRUE

Le jeune homme qui doit accomplir cette pénitence se tient sur un pied, jusqu'à ce que la dame qu'il désigne lui-même, lui permette de reprendre sa place.

Un baiser accordé est souvent la contre-partie de la situation pénible qui précède, et à laquelle chacun est plus ou moins habitué.

LE BAISER A LA RELIGIEUSE

On place une chaise au milieu du salon, une dame vient s'agenouiller devant la chaise en appuyant son front le long des barreaux de cette chaise qui figure

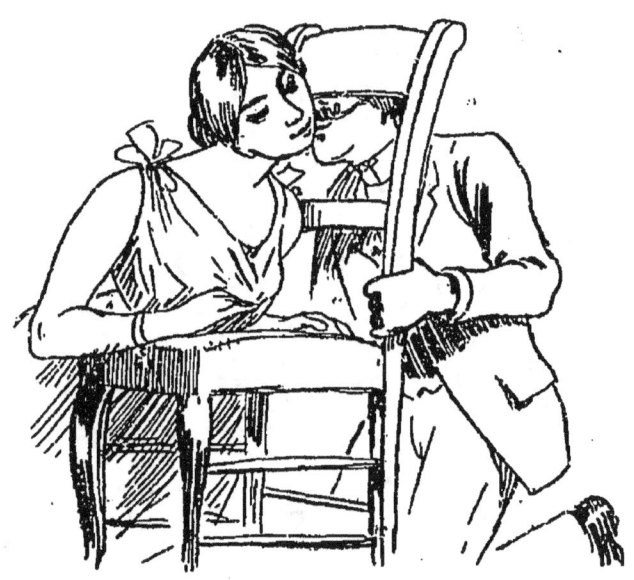

la grille d'un couvent, le pénitent s'agenouille de l'autre côté et s'efforce d'embrasser cette dame à travers les barreaux.

On peut compliquer cette pénitence en agissant de la manière suivante :

On donne à quatre dames les quatre rois d'un jeu de cartes; le patient nomme un roi, et la dame qui tient ce roi en mains, est obligé de se prêter à la pénitence présente.

On peut refuser en général d'accorder un baiser, mais seulement à la condition de donner un gage.

Même observation que celle faite à la page 91 (Chaîne d'amour).

PATIPATA ! QUI EMBRASSERA ÇA ?

Un des pénitents qui doit expier un gage, vient s'asseoir sur une chaise au centre du cercle formé par les joueurs ; une personne, à l'aide des mains ou d'un mouchoir, lui ferme les yeux de façon qu'il ne puisse plus rien distinguer.

La personne qui tient dans ses mains le pénitent, ou Patipata, lui dit en désignant du doigt un objet ou un des joueurs quelconque : « Patipata, qui embrassera ça ? » Alors le patient indique le nom d'un des joueurs qui doit aussitôt s'exécuter. On recommence patipata, et un autre joueur est nommé. On continue ainsi jusqu'à ce que le patient prononce son propre nom ; alors il embrasse l'objet le dernier désigné et est quitte de sa fonction.

Le rire est provoqué par les rencontres singulières qui résultent des indications données par l'aveugle. Un monsieur embrasse une dame, ou les mains, les cheveux, la robe d'une dame ; tel autre, est obligé d'embrasser ses bras, ses genoux, les portes, les murailles, la vaisselle, la cheminée, les pincettes, une paire de bottines, etc.

Il arrive que le Patipata né malin et un peu exercé, répond « Moi » quand on vient d'embrasser un objet désagréable, dans l'espoir légitime de se trouver favorisé par le sort qui varie selon l'habitude ; mais souvent, il est trompé dans son espoir, et au lieu d'une joue vermeille, c'est le dos d'un fauteuil, la pelle, ou autres choses peu souhaitables que la fortune lui réserve ; d'où les rires.

Le patipata peut regarder et voir l'exécution de ses arrêts, mais à la condition de se cacher de nouveau à chaque reprise des pénitences.

Quand le patipata a embrassé trop d'objets désagréables, il a le droit de couper court à son triste sort en donnant un gage, mais il n'est jamais autorisé à faire cela qu'après la troisième réponse qu'il aura donnée ; le joueur qui se trouvait primitivement assis à sa droite, prend sa place.

LE RÉSERVISTE

Cette pénitence est réservée aux messieurs.

Celui qui fait le réserviste s'empare d'une canne, d'une ombrelle, ou d'un manche de parapluie, et vient (pour acquitter son gage) présenter les armes en frappant plusieurs fois du pied auprès d'une des dames.

Cette dame se lève, suit le soldat qui la conduit dans un coin de la pièce, là se tenant immobile, il attend que la dame lui dise bas à l'oreille le nom d'un des messieurs présents ; aussitôt il va d'un air grave présenter les armes en frappant du pied devant la personne dont il a reçu le nom.

Celle-ci, accompagnée du soldat, revient trouver cette dame et l'embrasse devant le pauvre réserviste qui présente les armes.

Son supplice dure jusqu'à ce qu'une dame le demande lui-même ; alors il se débarrasse vivement de ses armes, embrasse sa libératrice et le tour passe à un autre qui a un gage à payer.

SAINT NICOLAS

Le joueur ainsi nommé monte sur une chaise, il prend une pose extatique, levant les yeux et les bras au ciel ; chaque joueur choisit une dame, lui offre la main, et s'avançant aux pieds du saint, s'incline en disant : « Saint Nicolas, bénissez-nous », et ils s'embrassent ; le saint Nicolas étend la main et les bénit ; le couple est remplacé par d'autres jusqu'à ce que toute la réunion ait eu sa part des bénédictions du pauvre saint !

L'HUISSIER OU LE CRÉANCIER

Le joueur condamné à faire le rôle d'huissier dit à une dame : « Payez ou je saisis ! » et aussitôt, s'empare de quelques objets appartenant à cette dame, gants, mouchoirs, chapeau, etc. « Mais, répond la dame, je suis surprise de votre réclamation, j'ai peu de fonds disponibles, votre note n'est pas exacte, les intérêts sont surfaits... » Enfin, elle cherche à s'en tirer à meilleur compte possible.

L'huissier, surtout s'il s'est nanti de plusieurs objets, cherche, comme c'est son devoir, à faire payer la somme par lui demandée ; puis, dans son intérêt, il consent à un marchandage, et arrive tant bien que mal à obtenir le payement de ce qu'il a demandé.

Quand la dame se décide à refuser le payement des objets saisis, elle dit : « Je suis insolvable, et elle laisse emporter un des objets lui appartenant; cet objet devient un gage qu'elle aura à payer dans la suite avec ceux qu'elle doit déjà.

L'huissier passe ainsi de l'une à l'autre des dames de la société.

Au second tour, les dames deviennent créancières, elles réclament payement aux messieurs, et exigent pour chaque objet qu'elles ont pu saisir : une chanson, un bon mot, une anecdote, un récit cocasse ou une improvisation.

Si les débiteurs ne peuvent se libérer ou s'ils payent en monnaie de billon, c'est-à-dire, si leur improvisation ne vaut pas le diable, elles exigent des gages supplémentaires qui sont l'équivalent du déchet de la monnaie offerte au payement.

Les huissiers doivent toujours exercer leurs poursuites d'une façon aimable et engageante, et aussi éviter des frais trop élevés, de peur de se faire mal voir; qu'ils se souviennent que cela coûte moins de payer une petite somme qu'une grosse.

LE CAPRICE

Le joueur appelé à cette fonction doit se montrer maussade, capricieux, hautain ; il va s'installer dans un coin du salon d'un air boudeur ; une dame ira lui tendre sa joue ; il ne doit pas parler, mais se contenter de hausser les épaules et tourner le dos ; d'autres dames qui se présentent ont le même sort ; mais quand le capricieux se décide à redevenir aimable, il s'empresse d'ouvrir les bras à la personne qui vient au devant de lui, et l'embrasse.

Comme on s'attend généralement à ce que la bouderie dure au début au moins trois ou quatre fois, les dames sont d'abord pleines d'entrain audacieux, sauf à se méfier beaucoup ensuite, et pour les attraper, le capricieux accepte souvent la seconde ou même la première offre qui lui est faite.

Les dames deviennent capricieuses aussi bien que les messieurs.

BOUDER

Avant de se retirer dans un coin du salon le pénitent indique à voix basse au dépositaire des gages, le nom d'une personne pour laquelle on cessera de bouder. Le boudeur tourne le dos à toutes les personnes qui se présentent pour l'embrasser, et au moment où s'approche la personne qu'il a désignée il se tourne brusquement et il l'embrasse.

LE PORTIER DU COUVENT

Le joueur qui paye son gage va se placer à côté d'un paravent, auprès d'une porte de cabinet ; il appelle une dame en la nommant : « Ma sœur ». La dame interpellée passe derrière le portier ; au bout d'un instant, elle parle bas à l'oreille du portier. Le portier appelle le monsieur que la dame a nommé tout bas, en disant : « Sœur une telle, demande frère un tel ». Celui-ci s'avance, et embrasse la sœur, qui regagne sa place. Le portier appelle ainsi successivement les dames, et sa peine ne finit que lorsqu'une dame demande le portier ; alors rayonnant, il l'embrasse et revient avec elle prendre son gage.

Quand une dame est portière, elle appelle un monsieur, et agit du reste de la même façon que le portier.

LE CHEVAL D'ARISTOTE

C'est une des plus pénibles pénitences pour les messieurs. Afin de recouvrer son gage, le patient est obligé de se mettre à quatre pattes, et de conduire à la ronde, une dame assise sur son dos ; cette dame doit embrasser au moins trois messieurs pour obtenir elle-même qu'on lui rende un de ses gages. Le pauvre cheval n'a aucun espoir de voir s'améliorer sa situation douloureuse, la règle défend tout dédommagement.

C'ÉTAIT MOI

Cette pénitence est un sujet inépuisable de remarques délicates, d'observations ingénieuses ou plaisantes, de critiques légères et de bon goût.

La personne qui doit payer son gage demande à chaque joueur : « Qu'avez-vous vu ? » Et elle ajoute : « Ce matin, hier, au bal, au spectacle, en voyage, à l'église, etc., etc. »

Le joueur répond en improvisant une histoire piquante, une remarque flatteuse ou moqueuse que l'on peut varier de mille façons ; un seul mot, ou une historiette

assez développée ; et le pénitent doit toujours répondre :
« Eh bien, c'était moi ! »

On se rend compte de ce que l'esprit, le goût ou l'originalité peuvent tenter pour provoquer le rire.

LE PONT D'AMOUR

De même que pour la pénitence précédente, le patient prend la même posture humiliante, et [une

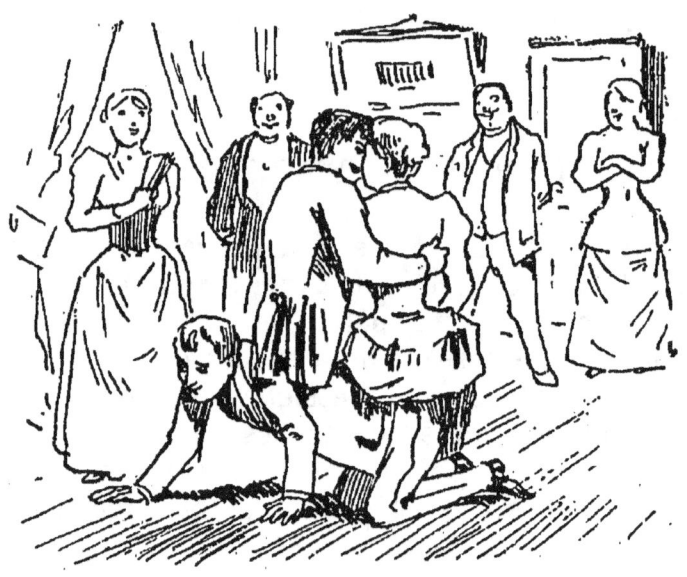

personne qui veut racheter un gage vient s'asseoir sur son dos et recevoir le baiser d'une autre personne désignée.

L'EXIL

On confine l'exilé dans un coin du salon ; de là il ne peut et ne doit communiquer avec personne. On tire les gages au hasard, et à chaque gage sorti il indique la pénitence qui doit être imposée. Chaque joueur va en exil à son tour, et ordonne la pénitence pour celui dont le gage a été tiré après le sien.

EMBRASSER SON OMBRE

Il faut se placer entre la lumière à laquelle on tourne le dos, et la dame que l'on doit embrasser.

EMBRASSER LA DAME QUE L'ON AIME LE MIEUX

Si l'on vous inflige cette pénitence, embrassez toutes les dames, sous prétexte que votre myopie vous empêche de bien distinguer.

LE BANCAL

Il s'agit d'aller embrasser une personne en sautant à cloche-pied; il va sans dire que chacun s'efforce de faire perdre l'équilibre au pénitent qui perd son droit si envié, s'il pose à terre son pied, afin de recouvrer son aplomb.

LA STATUE

On place un tabouret au milieu du salon, et l'on invite le pénitent à y prendre place.

Là, il devra exécuter les ordres de tous les joueurs et prendre les poses plastiques représentant les sujets qui lui seront indiqués : statue antique, général au combat, orateur ; les sujets inspirés par les statues connues ne manqueront pas de se présenter à l'esprit des joueurs.

LES TROIS CHOSES DONNÉES

Le dépositaire des gages dit à la personne dont le gage tiré au sort vient de sortir : « J'ordonne au gage touché d'employer pour le plaisir d'une dame, les trois choses qu'elle nommera.

Le pénitent s'avance alors vers une des dames, qui lui dit : — Employez pour mon plaisir les trois objets suivants : fleur, trombone, bottes.

Le pénitent s'empresse alors de dire :

— Je vous ferai un superbe bouquet ; je chanterai vos louanges ; et je courrai au bout du monde pour faire vos commissions, etc., etc.

Cette pénitence peut s'appliquer également aux dames.

LE MUET

Le muet doit exécuter ponctuellement et sans parler, bien entendu, tous les ordres que les joueurs lui donnent par signes. On lui ordonne d'aller chercher une dame que l'on embrasse à sa barbe.

Il doit aussi faire une déclaration par gestes, ou mimer une chanson. etc.

JEAN, SOUFFLE LA CHANDELLE !

On passe rapidement une bougie allumée devant la bouche du pénitent, qui doit arriver à l'éteindre en soufflant dessus ; avec de la dextérité, on peut prolonger le supplice du patient.

LE KALÉIDOSCOPE

Cette pénitence en est vraiment une pour le malheureux patient.

Il roule un journal, une grande feuille de papier, de açon à en faire un tube ; puis il regarde d'un œil un monsieur et une dame qui viennent se placer dans le champ de son télescope et s'embrassent au grand déplaisir de celui qui paye son gage.

LE PERROQUET

Le pénitent demande à chacune des dames :
« Si j'étais perroquet, que me feriez-vous dire ? »
Chacun s'efforce de répondre le plus malicieusement possible et de façon à amuser les autres joueurs aux dépens du patient.

LE PONT D'AVIGNON

Cette pénitence consiste à dire trois fois sans se tromper : « Je suis sur le pont d'Avignon... gnon vi da pont le sur suis-je. »

LES JUGES

Ce jeu demande beaucoup de tact pour arriver à ne pas être mal interprété ; il ne doit s'adresser qu'à de braves garçons, pleins de bonne humeur et disposés à ne jamais se fâcher.

On place entre deux chaises basses un petit baquet que l'on remplit d'eau, et l'on met au-dessus une planche et un tapis destinés à masquer ces préparatifs et à dissimuler le baquet.

Le pénitent est invité à s'asseoir sur ce banc, un autre joueur (un compère) s'assied au bout de la planche ; le pénitent est au milieu.

A un moment donné le compère qui remplit le rôle de juge s'écrie en s'adressant à son voisin, l'accusé :

— Accusé, levez-vous !

L'accusé se lève, et pendant ce temps, le juge tire un peu à lui la planche qui sert de siège.

— Accusé, dit-il, après avoir fait subir une sorte
à l'interrogatoire, allez vous asseoir!

L'accusé s'assied, tombe dans le vide, et trouve dans
le rafraîchissement de ces idées, de quoi continuer
sa défense.

Cette plaisanterie n'est bonne à faire qu'en été; en
hiver elle semblerait hors de saison! elle n'a jamais
lieu qu'entre intimes, et dans les beaux mois de
l'année!

JEUX DIVERS

JEUX DIVERS

JEU DE CRICKET

Ce jeu nous vient d'Angleterre où son usage est tellement répandu qu'il forme en quelque sorte un jeu national.

On choisit préalablement un terrain bien uni et à chaque extrémité on enfonce en terre deux piquets de bois éloignés l'un de l'autre d'environ dix centimètres ; ces piquets doivent avoir un mètre de haut au ras de terre ; on les réunit à leur partie supérieure par une baguette, appelée *Wicket*, seulement posée et que le moindre choc sur un des poteaux, doit faire tomber.

Ces deux piquets surmontés de la baguette forment le *Guichet*.

Le jeu commence ; un des joueurs lance une balle en s'efforçant d'atteindre les deux poteaux de l'adversaire pour faire tomber le wicket.

Les joueurs divisés en deux camps adverses, sont armés chacun d'un *bat*, c'est-à-dire, d'un bâton à long manche terminé par une sorte de battoir.

L'un d'eux, désigné par le sort, et appelé *batter* tient dans ses mains une balle qui a presque la dureté du fer, elle est tantôt en liège recouvert de peau, tantôt faite de lanières de cuir fortement serrées ; il prend position près de son guichet, et de là, lance vivement la balle, en visant le guichet opposé.

Au moment où part le projectile, le batter du camp opposé, posté au-devant de son guichet, cherche à arrêter la balle avec son instrument, et s'efforce en même temps de la renvoyer le plus loin possible.

C'est donc sur la force et l'adresse des batters que repose la victoire ou la défaite.

La partie ou match se compose habituellement de deux manches appelés *Innings* ; quelquefois, cependant, on

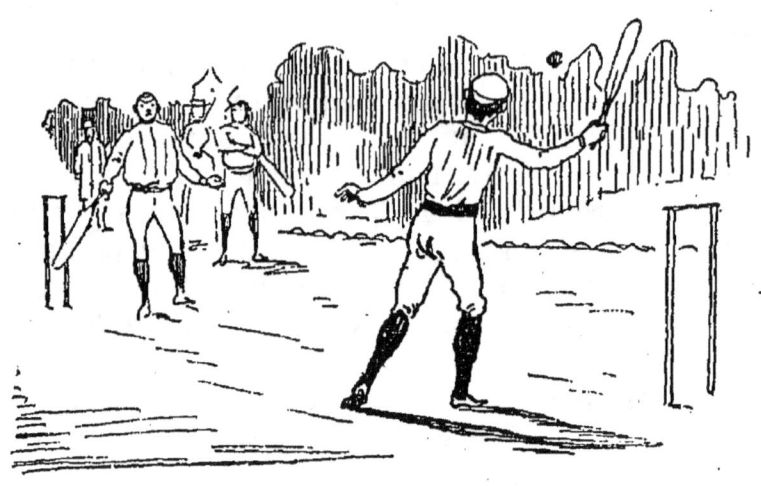

convient de jouer un espace de temps convenu, et on compte les points.

En dehors des conventions spéciales que peuvent faire les joueurs, la règle la plus ordinaire est celle-ci :

Toute balle manquée fait perdre un ou plusieurs points ; ces points sont gagnés au contraire si elle est reçue ; si le batter qui envoie, parvient à toucher les piquets et à faire tomber la baguette transversale le plus haut point est gagné.

En Angleterre, des joueurs de différents districts ou comtés viennent faire défi aux joueurs d'autres comtés, la victoire est chaudement disputée et très appréciée.

Ce jeu introduit en France depuis peu d'années a obtenu une grande faveur.

LE JEU DE CROSSE

Ce jeu est l'ancêtre du jeu de Cricket dont on vient de donner les règles.

La Crosse se joue entre deux partenaires. L'un des joueurs, muni d'une crosse, se tient près d'un but figuré par deux pierres ou deux piquets, placés à une distance d'environ quarante centimètres l'un de l'autre; l'adversaire placé à distance convenable lance une balle et cherche à la faire passer entre les deux pierres ou les deux piquets; le crosseur s'efforce au contraire, de repousser cette balle avec sa crosse; il veille à la chasser le plus loin possible, puis, tandis que son adversaire court après elle pour la ramasser, il court lui-même vers un but marqué d'avance, frappe ce but de sa crosse et redouble d'efforts pour revenir assez promptement à son premier poste pour recevoir et renvoyer la balle à nouveau.

Le premier joueur garde son rôle tant qu'il réussit à repousser la balle; dans le cas contraire il cède la place à son adversaire et devient crosseur à son tour.

La partie est gagnée par celui qui repousse la balle deux fois de suite; cependant l'issue du combat reste à la convenance des joueurs le plus ordinairement.

QUATRE COINS

Tout le monde connaît ce jeu.

Quatre joueurs occupent chacun l'angle ou le coin d'un carré, et un cinquième joueur, placé au milieu, guette ses camarades changeant de place pour s'emparer d'un coin.

Le joueur qui a perdu sa place s'installe à son our au milieu.

Les coins peuvent être représentés par des arbres ou par les angles d'une clôture.

Le joueur du milieu prend le nom de Pot; dans certaines contrées on ajoute même à ce nom une indication servant à établir qu'il représente un meuble destiné à un appartement intérieur.

QUILLES

Ce jeu est très ancien et forme un agréable passe-temps dans bien des contrées.

Les règles en sont très simples ainsi qu'on va le voir.

Au jeu de quilles ordinaire, on emploie neuf grandes

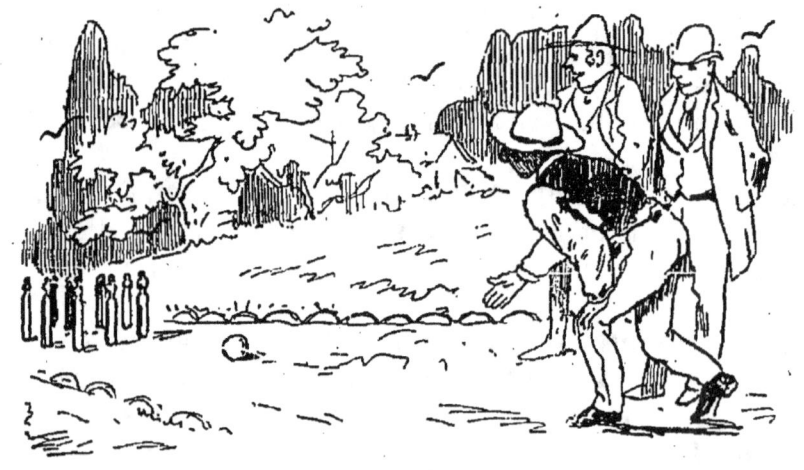

quilles de bois que l'on range en carré sur le sol bien uni, sur trois de front et trois de profondeur.

Après avoir tiré au sort l'ordre dans lequel joueront les joueurs, ce qui se fait en lançant à chacun son tour une boule et en tenant compte du plus ou moins de distance obtenu par chacun près d'un but déterminé, les joueurs se placent alternativement sur la ligne tracée à terre et qui marque l'endroit adopté comme but; de là ils lancent la boule dans l'ensemble des quilles.

La quille du milieu si elle est abattue seule, vaut neuf points; chacune des autres ne compte que pour un point.

La partie est gagnée par le premier qui a fait un nombre de points déterminé d'avance, mais il faut observer cette règle absolue qui complique les combinaisons des joueurs; si l'on fait plus de points qu'il n'en faut pour atteindre exactement le chiffre fixé à l'avance on *crève*, c'est-à-dire que l'on perd, du coup, le nombre de points qu'on avait pris et que tout est à recommencer comme si on n'avait pas joué.

Les quilles qui tombent sans avoir été touchées ne comptent pas; celles qui tombent lorsque la boule est arrêtée, comptent lorsqu'elles ont été touchées par la boule ou une quille tombée.

Le joueur qui laisse passer son tour, le perd.

QUILLES AU BATON

Pour ce jeu on emploie sept quilles de bois, grosses et hautes que l'on plante légèrement en tête sur une seule ligne et qu'on abat avec le jet d'un bâton. Pour gagner il faut en abattre le plus et avoir renversé un nombre pair.

QUILLES SUR TABLE

On se sert pour ce jeu de petites quilles qui sont disposées sur une table en formant plusieurs cercles, une boule est suspendue au-dessus par un support vertical; les joueurs font, à tour de rôle, décrire un mouvement circulaire à cette boule; celui qui arrive le premier au nombre cent, a gagné la partie; celui qui dépasse ce nombre, crève, et ne compte plus que cinquante points.

SIAM

Le jeu de Siam se joue avec treize quilles. Neuf de ces quilles sont placées en cercle, la dixième est au centre, et les trois autres placées en dehors sur une seule ligne ; la première de celles-ci, en commençant par la gauche, vaut trois points, la seconde, quatre, la troisième, cinq. Celle du milieu compte pour neuf, et les autres pour une.

Au lieu d'une boule, on emploie, pour abattre les quilles, un grand palet de bois dur, dont la circonférence est taillée en biseau.

Pour que l'on puisse compter une quille abattue, le disque doit passer par-dessus trois têtes de quilles avant de frapper celles visées, sans quoi le coup serait nul.

JE VOUS PRENDS SANS VERT !

Le jour d'une réunion nombreuse d'amis des deux sexes, chacun fait entre soi la convention suivante : — A partir de demain et jusqu'au jour de la réunion à laquelle nous sommes conviés chez madame X... nous établissons que chacun de nous sera tenu de porter sur soi du *vert*, c'est-à-dire quelques feuilles vertes selon que la saison le permettra et selon la verdure adoptée ; avec cette clause que chacun, sous peine d'amende, devra prendre tous les matins du vert frais, celui du jour précédent n'étant plus de jeu !...

Ces conditions ou règles établies, si l'on vient à se rencontrer par hasard, de dessein prémédité, ou en allant se rendre malicieusement visite et pour se surprendre sans vert, aussitôt après les civilités ordinaires, on dit : « Monsieur, madame ou mademoiselle, je vous prends sans vert ? »

Si par hasard, quelqu'un a oublié de se munir de *vert*, l'amende est encourue.

Toutes ces amendes sont consignées entre les mains d'une des personnes qui ont pris part à ce jeu, et employées soit à un usage charitable, soit au payement

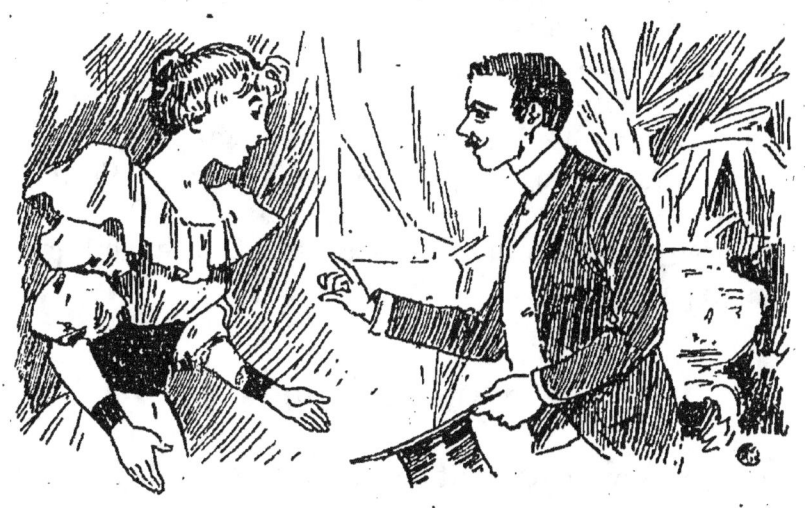

des frais d'une partie de plaisir à déterminer entre les joueurs.

Ce jeu charmant est digne du succès qu'il obtient chaque fois qu'il est mis en œuvre.

PAS D'I, GARE AUX GAGES !

Ce jeu s'exerce sur les voyelles que l'on fait précéder de l'avertissement : « Gare aux gages ! »

Le conducteur du jeu, par exemple, dit a un des joueurs, en parlant le plus rapidement qu'il peut. « Pas d'I, gare aux gages ! quelle est la fleur que vous préférez ? »

Si l'on est au courant du jeu, on répond : « Anémone, lys, pensée... »

Mais si on ne le connaît pas ou si l'on n'a pas compris la portée de la question qui est faite, on répond quelquefois : « Jasmin, œillet, violette, etc. »

Or, ces mots renfermant un *i*, la personne qui aura fait cette réponse sera passible d'un gage.

Cette question s'adapte aux autres voyelles, comme de raison, et on peut dire :

Pas d'A, gare aux gages !
Pas d'E, gare aux gages !
Pas d'O, gare aux gages !
Pas d'U, gare aux gages !

La question doit être posée très vite, afin que le joueur, troublé, ne comprenne pas facilement l'interrogation et soit amené à payer un gage.

De même, la réponse doit être immédiate, sous peine d'un gage.

MAIN CHAUDE

Tout le monde connaît ce jeu qui ne tombera jamais en désuétude.

Le sort désigne un des joueurs qui remplira le rôle de patient ; il doit se tenir le dos courbé, la tête appuyée

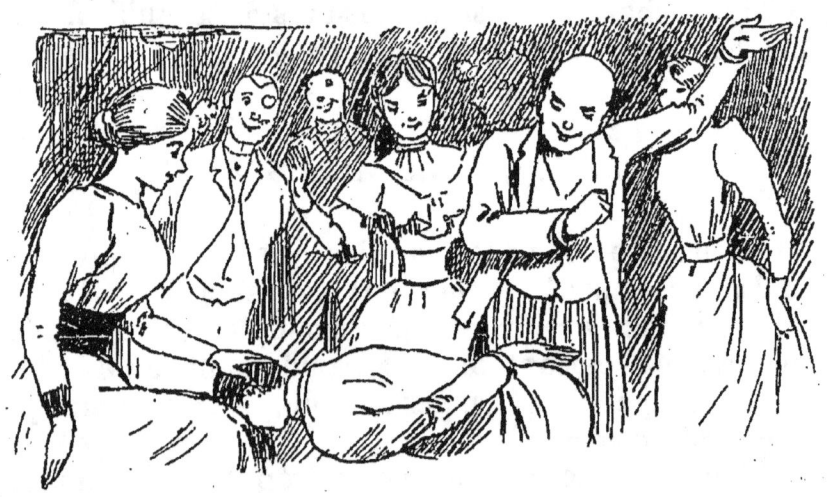

sur les genoux d'une des personnes de la société, les yeux fermés, et la main ouverte en dehors sur le bas du dos.

Les joueurs frappent à chacun leur tour dans cette main, et chaque fois, le patient se relève et examinant la contenance des joueurs, il cherche à reconnaître quel est celui qui a frappé ; tout lui sert pour fixer son jugement, le mouvement des joueurs, leur air de figure, le plus ou moins de pesanteur du coup, etc...

S'il devine juste ; le joueur deviné prend sa place ; s'il se trompe, il se replace et le jeu continue de plus belle.

MAIN CHAUDE DOUBLE

Dans ce jeu, qui est souvent employé comme pénitence, deux patients s'agenouillent l'un près de l'autre, et doivent deviner l'un pour l'autre.

Par exemple, si l'un est frappé, il doit demander à son compagnon : « Qui m'a frappé? » Celui-ci nomme un des joueurs au hasard, en se retournant vivement pour saisir la contenance des joueurs et prendre parti selon leur attitude.

Dès qu'il s'est remis en place, on le frappe à son tour, et c'est à son voisin à deviner pour lui.

Il va sans dire que celui qui est deviné prend la place du patient qui l'a nommé.

LA MÈRE GARUCHE

Ce jeu demande un certain nombre de joueurs, et une cour ou un jardin où l'espace ne soit pas par trop mesuré.

On tire au sort pour connaître celui qui remplira l'office de la mère Garuche, puis on trace sur le terrain un carré qui doit lui servir de camp.

Aussitôt qu'elle se dispose à en sortir pour se mettre en chasse, elle avertit les joueurs en disant : « La mère sort! » Puis, les mains jointes, elle fait tous ses efforts pour attraper et toucher un des fuyards.

Malgré la difficulté qu'elle éprouve en raison de l'attitude qui lui est imposée, lorsqu'enfin elle a réussi à toucher un des joueurs, ce dernier gagne immédiatement le camp de la mère Garuche, et la mère recouvre l'usage de ses mains.

Dans le cas où le joueur qui a été pris ne se serait pas réfugié assez vivement dans le camp, les camarades ont le droit de le frapper jusqu'à ce qu'il y soit entré, sans toutefois, et sous peine d'être constitués prisonniers, frapper sur la tête ou dans le dos.

Après avoir opéré sa première capture, la mère Garuche sort de nouveau de son camp après avoir lancé son avertissement, mais cette fois elle emmène avec elle son prisonnier qu'elle tient par la main ; elle tâche de faire d'autres prisonniers qui devront gagner le camp dans les mêmes conditions que le premier.

Le jeu se continue de la sorte jusqu'à ce qu'elle ait pris tous les joueurs ; le dernier pris ou un joueur désigné par le sort, prend alors la place de la mère Garuche.

LA MÈRE GARUCHE A CLOCHE-PIED

Dans ce jeu, la mère Garuche dispose son mouchoir en tampon, et les autres joueurs roulent le leur en forme d'anguille. La mère sort du camp à cloche-pied, et poursuit les joueurs le tampon à la main.

Lorsqu'elle a réussi à toucher un joueur, celui-ci se réfugie vivement dans le camp, afin d'éviter les coups d'anguille que ses camarades sont en droit de lui donner. Chaque joueur touché devient mère à son tour.

Si la mère Garuche laisse tomber son tampon, elle est poursuivie à coups d'anguille jusqu'à ce qu'elle l'ait ramassé.

On peut changer de pied pour se reposer et poser à terre ses deux pieds pour ramasser le tampon.

L'IMITATION

On se place en file, et chaque joueur doit imiter les mouvements de corps de celui qui est en tête.

Si celui-ci part du pied droit, tous doivent partir du même pied.

S'il lève un bras ou les deux à la fois, s'il se gratte la tête, s'il se mouche, s'il s'accroupit, s'il se retourne, tous les joueurs doivent aussitôt l'imiter.

On voit facilement que le dispensateur de la gaieté est celui qui dirige ce jeu.

Ceux qui commettent des erreurs dans l'imitation de ses gestes sont passibles d'un gage.

FROTTEZ, TAPEZ!

Voici un exercice auquel se livrent joyeusement les enfants et qui pourrait fort bien être infligé comme pénitence dans les jeux de société.

On prie un joueur de se frotter la poitrine de la main gauche et de se la frapper en même temps de la main droite. Les débutants présentent souvent un spectacle risible.

GRACES

Ce jeu qui appartient aux jeunes filles mérite fort bien le nom qui lui a été donné.

Il s'exécute au moyen de quatre bâtonnets, peints de couleurs brillantes ou revêtus d'ornements en spirale, et de deux cerceaux également ornés.

Les joueuses, au nombre de deux et placées en face l'une de l'autre, croisent chacune leurs bâtonnets puis par un vif mouvement de décroisement, lancent leur cerceau à la partenaire; on reçoit et on lance de nou-

veau en usant du procédé qui vient d'être décrit ; le
tout se continue jusqu'à ce qu'une des jeunes filles
ait manqué son coup.

Les joueuses très habiles lancent les deux cerceaux

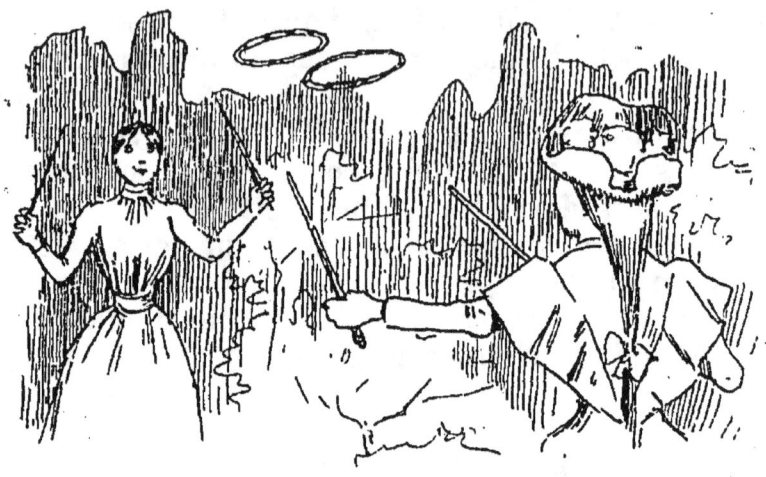

à la fois, le jeu est alors beaucoup plus intéressant et
plus joli.

LA DÉCLAMATION A DEUX

Ce jeu n'est qu'une petite farce destinée à égayer la
société.

Un monsieur est chargé de déclamer un monologue
de tragédie ; pour cela il s'affuble préalablement d'un
manteau, d'une tunique sous laquelle il dissimule ses
bras.

Un compère, caché derrière lui, passe ses bras à la
place de ceux du premier, de façon que lorsque celui-
ci déclame, c'est le second qui exécute force gestes des
plus comiques.

Il mouche le tragédien, lui pince le nez, le gratte,
lui serre la main, et lui fait parfois perdre tout son
sérieux.

LE CANARD

Au jeu du canard, il faut être au moins trois et au plus, huit.

On dispose sur le sol, une large pierre bien unie, puis l'on trace à environ dix mètres de cette pierre, une raie qui sert de but.

Chacun des joueurs se munit d'un caillou plat servant de palet.

Un des joueurs, désigné par le sort, place son caillou sur la pierre et se range sur le côté; c'est lui qui est le canard.

Chaque joueur se place alors au but, et lance son palet en s'efforçant de chasser de la pierre le palet du canard.

Si ce dernier vient à être touché et à tomber, le canard le replace vivement sur la pierre, puis il se met à la poursuite des joueurs qui après avoir ramassé leur palet, font tous leurs efforts pour regagner le but.

Quand le canard a réussi à replacer son palet et à atteindre l'un des joueurs avant qu'il ait regagné le but, ce dernier devient canard à son tour.

Lorsque plusieurs palets se trouvent si près l'un de l'autre qu'on court le risque d'être touché par le canard si on tente de le relever, il est prudent d'attendre qu'un des joueurs restés au but réussisse à faire tomber le palet du canard. Pendant que ce dernier ramasse son palet et le replace, on a le temps nécessaire pour enlever chacun le sien et regagner le but.

Lorsqu'il n'y a plus personne au but et qu'aucun joueur ne veut se risquer à enlever son palet, le gain de la partie appartient au canard. Dans ce cas le joueur dont le palet est le plus rapproché de celui du canard, est tenu de le remplacer dans ce rôle.

JEUX DE SOCIÉTÉ.

COCHONNET

Pour ce jeu il faut pouvoir disposer d'un terrain vaste et uni.

Chaque joueur a le même nombre de boules, ordinairement deux ou trois, et le sort règle le rang de chaque joueur.

Celui qui doit jouer le premier, lance à une trentaine de pas, et dans la direction qui lui convient, une petite boule que l'on nomme le « cochonnet », et qui doit servir de but.

Cela fait, il envoie une de ses boules ordinaires, de façon qu'elle s'arrête le plus près possible de ce but.

Le second joueur vient ensuite; il cherche à placer sa boule plus près que celle de son adversaire; s'il y réussit, il cède son tour au joueur suivant, sinon il fait rouler sa deuxième et même sa troisième boule pour tâcher d'être plus heureux.

Quand toutes les boules sont placées, chaque joueur compte un nombre de points égal à celui de ses boules qui sont plus rapprochées du cochonnet que celles de ses adversaires, et l'on passe au coup suivant.

La partie se compose de trois manches, et la victoire appartient au joueur ou au groupe d'associés qui a gagné deux manches.

L'habileté consiste à débusquer la boule qu'un adversaire a placée entre la sienne et le cochonnet, ou à reculer le cochonnet lui-même, afin de le rapprocher d'une boule qui vous appartient.

BOULES

Le jeu des grosses boules se joue ordinairement dans une allée encaissée, pour empêcher que les boules une fois lancées, n'aillent à gauche et à droite en dehors du jeu.

A l'extrémité de cette allée, on creuse un petit fossé appelé *noyon*, en avant duquel on place à une distance d'environ un mètre, une marque visible mais non saillante, qui doit servir de but.

Après avoir tiré au sort l'ordre dans lequel on sera tenu de jouer, les joueurs tenant chacun deux boules en main, se placent à l'extrémité opposée de l'allée.

Le premier lance une de ses boules, le second en fait autant, et ainsi de suite jusqu'au dernier, chacun cherchant à se rapprocher le plus près possible du but et d'en chasser ses adversaires.

Ceci fait, chaque joueur, à son tour, lance sa deuxième boule, dans les mêmes conditions.

Toute boule, qui lancée avec trop de force va tomber dans le noyon, est morte et ne compte plus, il en est de même de toutes celles qui rencontrées par une boule lancée seront tombées dans le noyon.

Les joueurs dont les boules se trouvent les deux premières au plus près du but, comptent chacun un point.

La partie est gagnée par celui qui, au cours du jeu, a obtenu le premier, le nombre de points fixé d'un commun accord entre tous les joueurs.

BOUCHON

Voici les principales règles de ce jeu d'adresse.

Un bouchon est placé debout sur le sol, et l'on met au-dessus les enjeux consistant en petites pièces de monnaie de billon ou d'argent suivant les conventions et fournies par chaque joueur par quantités égales comme entrée de jeu.

A une distance d'environ deux mètres on trace une ligne sur la terre, c'est là où se placeront les joueurs.

Celui qui commence le jeu, lance son premier palet; (ce sont des disques de métal ou de gros décimes), et cherche à renverser le bouchon ou plutôt, pour la première fois, à se placer le plus près possible du bouchon; puis avec son second palet, il s'attache à abattre le bouchon, à le pousser au loin, de manière que les enjeux tombent plus près de l'un ou l'autre de ses palets que du bouchon.

Le second joueur joue à son tour ses deux palets et cherche à se placer plus près des enjeux renversés; le troisième agit de même et ainsi de suite; la série de joueurs épuisée, les enjeux appartiennent à ceux des joueurs dont le ou les palets sont le plus rapprochés desdits enjeux.

Le joueur qui veut relever le bouchon peut demander une nouvelle mise avant de continuer le jeu; mais les autres sont libres d'accepter ou de refuser; c'est la majorité qui l'emporte. Ceux qui ont refusé se retirent du jeu.

BARRES

Le jeu de *barres* est un amusement à la fois très agréable et très salutaire, car il force les joueurs à une gymnastique continuelle.

Pour jouir de ce jeu, on choisit un emplacement assez vaste et uni qui permette de courir aisément.

On divise les joueurs en deux groupes ou partis qui renferment le même nombre de combattants.

Aux deux extrémités opposées du terrain, chaque parti trace une ligne à terre; cette ligne représente le camp.

Le sort décide d'abord quel parti devra attaquer le premier.

On s'aligne, et l'un des joueurs du groupe qui attaque, sort de son camp et dit : « Je demande barre contre un tel. »

Le joueur provoqué avance la main droite et son adversaire frappe trois coups en ayant soin de s'enfuir vivement après avoir frappé le troisième coup. Si son adversaire peut le toucher avant qu'il ait regagné son camp, il devient son prisonnier.

Aussitôt que le fuyard poursuivi est près d'atteindre son camp, un autre joueur du même camp quitte la ligne pour chercher à frapper à son tour le poursuivant et à le faire prisonnier; celui-ci se dérobe de son mieux, un nouveau joueur sort du camp opposé, et ainsi de suite, jusqu'à ce qu'un des deux partis soit

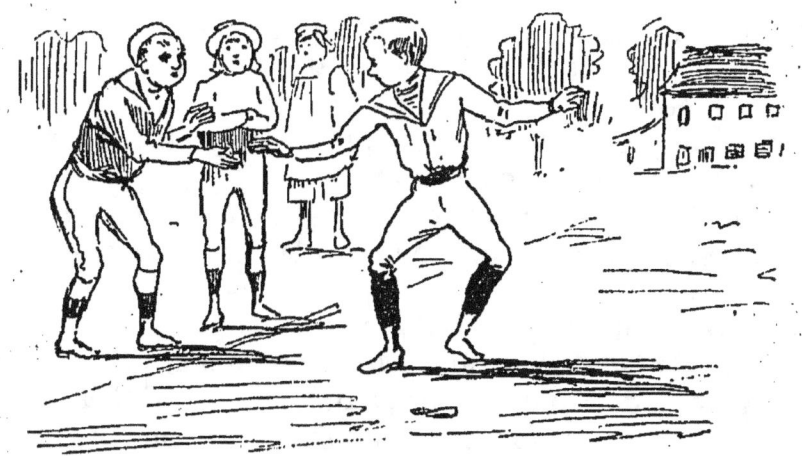

tellement affaibli par la perte de ses combattants prisonniers qu'il ne peut plus continuer la lutte.

Chaque joueur qui fait un prisonnier doit crier : « Pris! » lorsqu'il a touché son adversaire.

Tout joueur sorti de son camp pour poursuivre un adversaire précédemment sorti du sien est dit avoir barre sur lui.

La délivrance des prisonniers a lieu de la manière suivante :

Les prisonniers se rangent sur une seule file en se tenant par la main, en avant du camp ennemi. Si l'un de leurs camarades réussit, sans être pris, à toucher le premier en tête de la file, tous sont délivrés et peuvent regagner leur camp. De leur côté les gardes des prisonniers font tous leurs efforts pour empêcher les libérateurs d'approcher des prisonniers, et pour les faire prisonniers eux-mêmes.

Dans le jeu appelé barres forcées, les prisonniers passent dans le camp ennemi et augmentent les combattants de ce camp.

LA MARELLE DE SALON

Ce jeu se joue à deux. On emploie un carton sur lequel sont tracés trois carrés renfermés l'un dans l'autre et unis entre eux par huit lignes transversales, dont quatre aux angles et quatre aux quatre milieux. Un petit rond est dessiné aux points de jonction de toutes ces lignes, ce qui fait qu'il y a trois de ces ronds sur chacun des trois carrés.

Chaque joueur est muni de neuf pions de couleurs différentes, qu'il met sur neuf ronds qui se trouvent de son côté.

La tactique du jeu consiste, d'une part, à pousser les pions de manière que trois de même couleur soient placés de front, et, de l'autre, à empêcher le succès de cette manœuvre en poussant un pion entre les deux ou à la suite des deux de l'adversaire.

Le joueur qui réussit à former ainsi une rangée de trois de ses pions, a le droit de prendre tel pion de l'adversaire que bon lui semble, et la partie est perdue par celui qui, à la suite de prises semblables, ne possède plus que deux pions.

On doit observer que les pions ne marchent qu'en ligne droite et ne peuvent pas sauter les uns par-dessus les autres. Cette règle ne souffre qu'une exception : c'est lorsque celui qui joue n'a plus que trois pions. Dans ce cas il est libre d'en placer un où cela lui convient, ce qui lui permet de lutter encore pendant quelque temps.

FIN

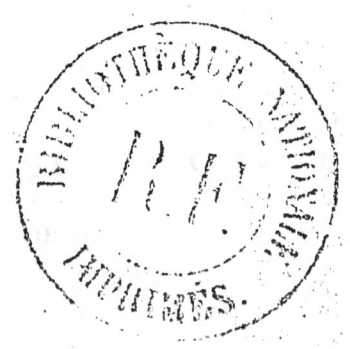

TABLE DES MATIÈRES

JEUX DE SOCIÉTÉ

PÉNITENCES

JEUX DIVERS

5211-93. — Corbeil. Imprimerie Crété.